喜憨30，
笑容永續

一路溫柔堅持，走出嶄新未來

蘇國禎————著

序言

喜憨兒三十而立──笑容永續

共同創辦人／蘇國禎

三十年前一句話：「今天我們夫婦先站出來為許多喜憨兒與家長服務，希望有一天我們走了，有人為我們的憨兒服務。」三十年來，我們努力照顧、努力實踐、兌現承諾。我們含淚耕耘，三十年後，大家歡喜收割。

一心一意的孩子，全心全意的照顧

曾經有一群孩子，無論生理年齡幾歲，他們的心智年齡都只有5～10歲，我們叫他們「永遠的孩子」。他們純真、天真、認真，是一心一意的孩子，卻沒有被接受、被肯定，而成為社會的邊緣人。

1991年我心臟病手術後，14歲的女兒怡佳，是位重度腦麻及多重障礙者，步履蹣跚的走到我病床前，唱了一首自己改編的「世上只有爸爸好」的歌，沒人教她把媽媽改成爸爸，震驚了在場的每個人，也點醒了我──心智障礙者也是有潛能的，不可放棄她！

於是全心全意的照顧永遠的孩子成為我們的初衷，1995年6月29日成立喜憨兒基金會，至今30年初衷永續。我們將找出喜憨兒最欠缺

的尊嚴與喜悅，訂定為喜憨兒基金會的使命，對憨兒的終生教育與終生照顧訂為組織的願景，我們的價值觀是改造憨兒的生命。

永遠的孩子因為「工作」而融入社會，創造自我價值，回歸社會主流。社會上現在叫他們「喜憨兒」，多麼有尊嚴的名字！我們把喜悅替代傳統悲情，也把微笑做成喜憨兒的Logo，隨時與大家同在。

四個效應，美夢成真

基金會30年的發展過程，喜憨兒呈現四個效應，使我們與眾不同、脫穎而出，也讓我們的夢想逐一實現。

一、畢馬龍效應

畢馬龍效應讓我們精雕細琢的以工作來改造憨兒的生命，基金會改變的不只是千百位憨兒的生命，甚至改變了千萬名台灣人對憨兒生命的看法，因為憨兒從被服務者轉變為服務者；從資源消耗者變為資源創造者；也從不可能轉化為可能。

我們應用典範轉移，創立台灣的社會企業，成為台灣新典範。

二、黑天鵝效應

本效應為喜憨兒帶來壓力，壓力迫使我們不得不做出必要的因應，我們就發展出各種核心能力，提升競爭優勢，蓄積永續發展的驅動力。

喜憨兒建立台灣第一公益品牌，創建嶄新的社會企業。送愛到偏鄉、一份愛心兩份感動。獨特的「狀元計畫」訓練憨兒考取一百多張政府的專業證照。建立溫馨家庭式照顧的天鵝堡，並以「瘦鵝理論」顛覆台灣公益界。舉辦大型國際研討會、長期參與SEWF與國際接軌。優異的科技應用包括POS、EC、ERP、CRM、AI運用、數位化、雲端化都成日常。

三、紅皇后效應

《愛麗絲夢遊仙境》裡的紅皇后，激勵我們勇往直前、不進則退，基金會也唯有不斷精進、領先卓越，才能永續發展。我們深知創業維艱、守成不易，組織永續發展的策略有：

- 資源（收入）合理分配－營業50%、政府補助30%、募款20%。
- 成長擴張－維持組織年成長率5～10%。
- AI應用－與時俱進、精益求精。

簡單的事，只要努力的做、認真的做，結果會很不簡單。

四、蝴蝶效應

《維摩詰經》的無盡燈提到：「譬如一燈點亮百千燈，使冥者皆明、明終不盡。」喜憨兒透過小小的改變，也能發揮出巨大的影響力，使美夢成真。

- 「喜憨兒」溫馨感人，已成為台灣心智障礙者的代名詞。
- 以「烘焙的起點，就在你我的心田」，製作麵包、西點、餅乾等，飄香全台，眾所皆知。
- 「很會做麵包的孩子」改變社會觀感。
- 台灣多家NPO追隨喜憨兒模式，成功經營，造福更多憨兒。

台灣社會企業，喜憨兒獨領風騷30年。

樹仔栽落去，鳥仔就飛來

30年前幾個創辦的家長只是想在高雄照顧好憨兒，讓他們有家、有工作、有朋友。一路走來我們遇到許多貴人，讓我們開枝散葉，夢想一一實現，誰也想不到30年後的喜憨兒基金會令我們感到驕傲與不可思議，我們完成了：

- 惡夢、尋夢、築夢、圓夢、新夢－五個夢想的實現，從夢想彩繪到彩繪夢想。
- 一十百千－30年總目標的達成。
    - 一：一個創新的服務體系，結果我們建立了社會企業的典範。
    - 十：年度收入達十億元，2024年我們達到10.03億元。
    - 百：為憨兒建立百個服務方案／據點，2024年共118個。
    - 千：服務千位以上的喜憨兒，而2024年度達到1,627位。

我們的創新與精進，創造了許多台灣NO.1的奇蹟。

堅持喜憨兒的使命與願景，五百年不動搖！

期盼喜憨兒基金會繼續秉持初衷，發揚光大，善用關鍵資源、創新關鍵流程、重視顧客價值主張、建立獲利的方程式，以求組織的領先卓越，使喜憨兒的笑容永續。對四個效應，各有一句話與大家共勉：

- 對畢馬龍效應：期許大家「心迷法華轉，心悟轉法華。」
- 對黑天鵝效應：「再小也要創造獨特價值，再老也要持續精進創新。」
- 對紅皇后效應：策略應用「你無我有，你有我優，你優我廉，你廉我轉。」
- 對蝴蝶效應：「小變化積久、積多了就是大變革，可以造成巨大社會影響力。」

Thirty Years Strong: The Joyful Journey of Children with Special Needs – Smiles That Last

Co-founder / Kuo-Jen Su

Thirty Years Ago, One Sentence Began It All

"My wife and I will step forward today to serve children with developmental disabilities and their families. We hope that one day, when we are gone, there will still be someone to care for our children."

For thirty years, we have cared with devotion, worked with perseverance, and fulfilled our promise with tears and love. Now, three decades later, we joyfully reap what we sowed.

Pure-Hearted Children, Wholehearted Care

There was once a group of children who, regardless of their physical age, had a mental age of only 5 to 10 years. We called them our "forever children." They were pure, innocent, and earnest—children with singular hearts—but they were unaccepted and unacknowledged, becoming marginalized by society.

In 1991, after I underwent heart surgery, my 14-year-old daughter Yijia, who suffers from severe cerebral palsy and multiple disabilities, slowly made her way to my hospital bed and sang, "No one loves me like Daddy does..." She had changed "Mommy" to "Daddy" on her own. No one taught her that. Her act shocked everyone in the room and opened my eyes—children with intellectual disabilities are capable and should not be abandoned!

That moment sparked our resolve to provide wholehearted care for these forever children. On June 29, 1995, the Children Are Us Foundation was born, and thirty years later, our original intention remains unchanged. We recognized that what these children lacked most were dignity and joy. Thus, we made it our mission to restore them. Lifelong education and care became our vision. Our values are rooted in transforming their lives. These forever children, through work, found their place in society, created self-worth, and re-entered the social mainstream. Today, society respectfully calls them "Children Are Us" kids—a name filled with dignity. We replaced pity with joy and made the smile our logo, always present with the people.

Four Effects That Made Our Dream Come True

Over thirty years, four key "effects" have made the Children Are Us Foundation stand out and turn dreams into reality:

1. The Pygmalion Effect

We leveraged paradigm shifts and pioneered the social enterprise model in Taiwan. With careful planning, we used work to transform the lives of children with disabilities. The foundation didn't just change thousands of lives—it transformed the perception of millions of Taiwanese people. These children went from being *recipients of services* to *providers of services*, from *resource consumers to resource creators*, and from *impossible* to *possible*.

2. The Black Swan Effect

Challenges brought by black swan events pushed us to adapt and develop core competencies, boosting competitiveness and driving sustainability.

We established Taiwan's first major charity brand and built an innovative social enterprise.

Our "Love Delivered to Remote Areas" program touched many lives.

The unique "Top Scholar Program" trained children to earn over 100 government certifications.

We built "Swan Castle" homes that offer warm, family-style care and revolutionized Taiwan's charity sector with the "Lean Goose Theory."

We hosted international conferences and participated long-term in the SEWF, linking Taiwan to the world.

Our everyday operations are now enhanced by advanced technologies like POS, e-commerce, ERP, CRM, AI, digitization, and cloud services.

3. The Red Queen Effect

Inspired by the Red Queen in Alice in Wonderland, we understood that standing still means falling behind. Only through continuous improvement and excellence can we achieve sustainability.

We know that starting something is hard, but maintaining it is even harder. Our sustainability strategies include:

- Balanced funding sources: 50% from operations, 30% from government support, 20% from donations
- Steady annual growth of 5–10%
- Embracing AI and staying ahead of the times

When you put effort and sincerity into simple things, the results can be extraordinary.

4. The Butterfly Effect

The *Vimalakirti Sutra* speaks of the "Inexhaustible Lamp": "Just as one lamp can light thousands, so may the light spread endlessly."

Even the smallest changes at Children Are Us can have great impact.

- The term "Children Are Us" has become a heartfelt and respected synonym for individuals with intellectual disabilities in Taiwan.
- From the slogan "The beginning of baking starts in our hearts," we have produced breads, cakes, and cookies that fill Taiwan with warmth.
- Our motto "Children Who Are Great at Baking" has reshaped social perceptions.
- Many NPOs across Taiwan have adopted and succeeded with our

model, benefiting even more children.

For thirty years, Children Are Us has led the way in Taiwan's social enterprise movement.

"Plant a Tree, and the Birds Will Come"

Thirty years ago, a few founding parents only wanted to care for children with disabilities in Kaohsiung—give them a home, a job, and friends. Along the way, many kind people helped us branch out and make our dreams come true. None of us imagined that thirty years later, the Children Are Us Foundation would become something we are proud of—and something beyond our imagination.

We have accomplished:

- From nightmares to dreams: we journeyed through dreaming, building, fulfilling, and now, renewing dreams.
- Our 30-year goal of "1 - 1 - 100 - 1000":
    - **One** innovative service system – we've created a social enterprise model.
    - **One** billion NT dollars in annual revenue – we reached NT$1.003 billion in 2024.
    - **Hundred** service programs/locations – we achieved 118 in 2024.
    - **Thousand** children served – we reached 1,627 in 2024.

Our innovations and dedication have created numerous "Taiwan No. 1" miracles.

Upholding Our Mission and Vision for 500 Years Without Faltering!

We hope the Children Are Us Foundation will continue to hold fast to its original mission, making good use of key resources, innovating essential processes, valuing customer promises, and building a sustainable profit model—to lead with excellence and keep the smiles of our children lasting forever.

Some words of encouragement, tied to each effect:

- **Pygmalion Effect:**

  "In delusion, the mind is turned by the Lotus Sutra; in awakening, it turns the Lotus Sutra itself."

- **Black Swan Effect:**

  "No matter how small, create unique value. No matter how old, keep innovating."

- **Red Queen Effect:**

  Strategic wisdom: "What you lack, I have; what you have, I excel; where you excel, I am lean; where you are lean, I transform."

- **Butterfly Effect:**

  "Small changes, when accumulated over time, bring about great transformation—with the power to create profound social impact."

目錄

序言　喜憨兒三十而立──笑容永續　002

　　　Thirty Years Strong: The Joyful Journey of Children with Special Needs – Smiles That Last　007

同行夥伴的祝福語　016

企業　016

偏鄉學校　024

Part 1
喜憨兒的初心與勇氣

第一章　笑容的力量：30年的溫暖瞬間　031

第二章　永續的起點：30年里程碑　039

第三章　生命的綻放：憨兒的故事　051

第四章　藝術與創作：憨兒的無限可能　057

第五章　創新服務：邁向永續未來　063

第六章　從典範轉移到策略領航：喜憨兒的經營管理模式　071

Part 2
喜憨兒的歷年足跡

1995 年　永遠的孩子　102

1997 年　成長的喜悅　104

1998 年　群策群力，愚公移山　107

1999 年　企鵝與候鳥　114

2000 年　體驗失落的純真　118

2001 年　適應社會，曖曖內含光　123

2002 年　從真情時刻到體驗行銷　129

2003 年　遺珠無憾：喜憨兒大學的緣起　143

2005 年　喜憨兒的貴人：NPO策略聯盟　148

2009 年　走一條不一樣的創業路：NPO產業化　160

2010 年　憨喜農場動土祝禱文　182

2012 年　天鵝堡傳奇　184

2013 年　照顧服務的價值觀　189

2014 年　建構喜憨兒的幸福產業　194

2016 年　戴上桂冠的喜憨兒　198

2017 年　老是顧人怨！？　202

2018 年　喜憨兒 ✕ 雲端 ✕ 逍遙遊：推展數位社會應用DSA　204

2019 年　愛丁堡社企世界論壇（SEWF）點滴與感言　212

2020 年　衣索比亞SEWF年會鱗爪　215

2021 年　如果事與願違，上天必定有安排　218

2022 年　從夢想彩繪到彩繪夢想的四個效應　223

2023 年　壓傷的蘆葦不會折斷　229

2024 年　喜憨兒基金會三十而立之回顧與前瞻　234

Part 3
憨兒的笑容

跳動的熱情／小智　240

樂在其中，盡力而為人／小維　241

貼心的孩子／小任　242

天使般的酷妹／于媛　　243
要不要幫忙？／阿雲　　244
老師早安／小康康　　245
就是要微笑／小正　　246
領班小主管／小馬娟　　247
園藝高手／阿涵　　248
豐收的果實／小芳　　249
溫暖對話／文文　　250
我是快手倫／小倫　　251
最佳小幫手！／亨哥　　252
我是義賣高手／小杏　　253
就是愛唱歌／小佳　　254
叫我公車達人／阿源　　255
老師，你別鬧了／Evon　　256
老師，我洗你／維維　　257
快樂的爵士鼓手／信安　　258
可愛的玫瑰花／郁群　　259
陪你慢慢走／萱萱　　260
十八般武藝樣樣俱全／小薇　　261

彩蛋　　262
喜憨兒門市餐廳資訊　　264

同行夥伴的祝福語

企業

TSRC 台橡股份有限公司

恭賀喜憨兒基金會成立30週年，30年來你們的努力，讓愛的力量溫暖每一個角落，台橡全體同仁獻上最誠摯的祝福，我們代表台橡全體同仁，祝喜憨兒基金會，生日快樂。

Yahoo／蕭錦薇亞太區品牌及產品行銷部資深總監

30年來，喜憨兒基金會以堅定的信念與溫柔的行動，守護著每一位憨兒的生活與夢想。這些努力不只改變了家庭的日常，也讓社會多了理解、包容與愛，為憨兒與家人帶來前行的勇氣與希望。Yahoo 很榮幸透過「Yahoo 好朋友公益活動」與基金會攜手同行，一起分享溫暖、連結彼此。我們相信，善意正在改變世界，也會持續行動，把光與關懷帶到更多需要的地方。

台灣樂金電器股份有限公司

感謝喜憨兒基金會30年來用心陪伴與付出，台灣樂金（LG）由衷祝福這份愛與希望持續綻放光芒！

和泰大金空調／王玄郎董事長

從職能培訓到「送愛到部落」，喜憨兒基金會讓愛延伸至每個需要的角落。和泰大金自2014年起與基金會同行，深感榮幸，並將持續支持，見證憨兒成長，也共創暖心未來。

采盟股份有限公司／古素琴董事長

30年的時光，我們看見喜憨兒基金會一步一腳印不斷努力，始終一本初衷，認真地做好憨兒的終生照顧與終生教育，願這份初心與善念不斷獲得溫暖回應，祝福基金會生日快樂！

悠遊卡股份有限公司／林志盈董事長

悠遊卡公司自2009年與喜憨兒基金會合作「送愛到部落」計畫，串連起憨兒工作培力、偏鄉學童的物資需求，將公益資源做最有效的分配與應用，也見證溫暖在笑容中綻放，期待憨兒更幸福、茁壯！

漢來美食／吳若寧副總經理

感謝喜憨兒基金會這30年來為憨兒創造更多就業機會以及發展的平台，未來希望基金會能夠造福更多的憨兒，邁向下一個30年。祝賀喜憨兒基金會30週年生日快樂。

漢典食品

2017年於台南共同設立喜憨兒庇護工場，我們將技術轉移給喜憨兒基金會，為憨兒們開創了多元就業的新篇章。多年來的密切合作，在邁向30週年的里程碑上，漢典食品期待與基金會繼續攜手前進，為台灣社會創造更多美好！

遠雄人壽

遠雄人壽與喜憨兒合作已超過10年的歲月，感謝基金會30年來為憨兒們做的一切努力，遠雄人壽會持續做憨兒們最強的後盾，透過餐盒認捐及微型保險贊助，讓愛心與希望在偏鄉與憨兒的生命中精彩綻放。

環貫綠佳利／井山智幸董事兼總經理

長期以來喜憨兒基金會無私奉獻，連結各界的愛心，支持每一個努力向上的生命；環貫綠佳利是一家引導全球邁向健康之健康促進企業，擁有相同的理念，期待未來的30年、60年、100年，能與喜憨兒基金會長期攜手讓愛永傳。

聯邦銀行／許維文總經理

過去10年來，我們深感榮幸可以和基金會攜手提供喜憨兒一個舞台，一路走來，基金會全心全意地幫助孩子們自立更生、生活照顧，非常讓人敬佩，願你們繼續為社會帶來的溫暖與希望。

momo購物網

momo購物網希望透過平台資源，讓消費者安心、便利、隨時隨地投身公益行列，同時匯集廣大會員的愛心，用百元的溫暖，為憨兒多開一扇向前的窗。

台灣積體電路製造 F12A／賴俊宇廠長

喜憨兒基金會30歲生日快樂！台積電F12A深深認同基金會「創造心智障礙者價值」的理念，榮幸能透過月餅認捐、送愛到部落、節日表演等活動攜手合作，見證憨兒從受助者蛻變為助人者的感人歷程。祝福基金會持續茁壯，讓更多生命因您們的努力綻放光芒！

台積電 F12A
TSMC F12A

智易科技股份有限公司／盧豐裕執行副總

智易科技與喜憨兒基金會結緣以來，見證孩子們的成長與努力，深受這份純真感動。從蛋糕的甜香、表演的用心，到偏鄉送愛，我們與基金會一同築夢，讓愛流動。值此三十週年，獻上最深祝福，感謝您為憨兒的付出。未來，我們將持續與您同行，延續希望。

arcadyan 智易科技

HAPPY GO鼎鼎聯合行銷／李明城總經理

三十而立，是一段充滿愛與希望的旅程。喜憨兒基金會30年來守護憨兒第二人生，創造無限可能。HAPPY GO很榮幸一路相伴，號召千萬卡友以點數支持，也透過「公益家庭日」與憨兒互動交流，感受溫暖與力量。祝福基金會持續引領社會正向力量，共創共融永續的美好未來。

聯詠科技股份有限公司／陳聰敏副總經理

值此喜憨兒基金會成立30週年，謹代表聯詠科技全體同仁致上最深敬意與祝賀！貴基金會長年以愛與行動陪伴憨兒追夢，深深感動我們的心。聯詠透過「愛心詠續基金」已捐助383萬元，支持烘焙、體適能、環境改善等計畫，並積極採購公益產品，支持憨兒自立生活。我們盼這份心意匯聚成溫暖力量，共築平權永續的美好未來。祝福基金會繼續播種愛與希望，讓關懷照亮每個角落。

偏鄉學校

苗栗縣大南國小／六甲簡琪燊同學

親愛的喜憨兒哥哥姐姐們：每一次收到你們親手製作的餐盒，總能令我活力充沛，因為都非常好吃！尤其是「馬卡龍」，讓我覺得最喜愛，辛苦你們了，謝謝你們做出這麼好吃的麵包，祝福你們平平安安！

高雄市美濃區龍山國小

祝你們生日快樂，謝謝你們！

高雄市美濃區吉東國小

30週年生日快樂！

屏東縣新埤鄉大成國小

喜憨兒基金會30週年生日快樂！
謝謝您將愛與關懷傳遞給每一位孩子，
溫暖了我們的心靈，我們會帶著這份愛心與善意長大。

新北市淡水區中泰國小
謝謝你們有想到我們,你們做的麵包很好吃,祝你們平平安安。

台東縣卑南鄉東成國小
謝謝喜憨兒基金會長期支持偏鄉孩童,用生命影響生命,謝謝你們!

屏東縣林邊鄉崎峰國小／賴欣怡校長
近視的人會選擇眼鏡當輔具,重聽的人會選擇助聽器當輔具,社會大眾的支持就是喜憨兒最好的輔具,請大家一起來支持喜憨兒基金會喔!

高雄市內門區木柵國小／張家彰主任
透過與基金會的合作,小朋友學會尊重與回饋,祝福喜憨兒基金會愈來愈棒。

新北市淡水區中泰國小

屏東縣新埤鄉大成國小

高雄市內門區木柵國小／張家彰主任

臺東縣卑南鄉東成國小

屏東縣林邊鄉崎峰國小／賴欣怡校長

苗栗縣大南國小

喜憨30，笑容永續
一路溫柔堅持，走出嶄新未來

高雄市美濃區龍山國小

高雄市美濃區吉東國小

同行夥伴的祝福語

新菜上市
喜憨兒 創作料理

創作料理
喜憨兒

Part 1 喜憨兒的初心與勇氣

第一章

笑容的力量：30年的溫暖瞬間

「你總是羞澀得躲在風箏下面，陽光照不到你，你一定遭涼受凍。無聲無息的你，頂起風箏的一片天，但是，眾人看到的只是趾高氣昂、色彩繽紛的大風箏。恆久，你秀麗的臉龐不曾留下名字，你可愛的笑容經常隱藏著痛苦。恆久，你總是無怨無悔的辛苦付出，你卻默默的不求回報。你是我們的英雄，你讓我們飛得比天高！我要你知道，沒有你，我們什麼都不是，什麼都沒有！謝謝你！風箏下的一陣風，你來無影、去無蹤。如果，喜憨兒基金會是那風箏，那麼喜憨兒就是風箏下的那一陣風。」

每每讀起這段文字，我的心中總是百感交集。這是一位充滿愛心的朋友，用他細膩的筆觸，描繪出憨兒們默默付出的身影。他們的笑容，或許不像一般人那樣外放奔放，卻蘊含著一份更加純粹、更加真摯的力量。這份力量，穿透了語言的隔閡，溫暖了每一個靠近他們的心。

30年前，憨兒家庭所承受的壓力與挑戰是巨大的，一位母親曾寧願帶貓狗上街也不願帶憨兒出門，在那個社會對於心智障礙者仍有著刻板印象的年代，「智障」、「白痴」、「傻瓜」等詞彙如同無形的枷鎖，禁錮著這些單純的生命。

當「喜憨兒」這個溫暖的名詞，如同破曉的微光，第一次映照在台灣社會時，它所承載的，不僅是對一群特別孩子的暱稱，更是一份期盼，一份祝福，一份要以歡喜取代悲傷的堅定承諾。回首那段篳路藍縷的開創時期，我依舊清晰記得，在熙來攘往的街頭，偶然聽見一

句脫口而出的「你喜憨兒喔！」那原本可能帶著嘲弄的語氣，卻在無形中，為這群孩子找到了一個溫柔的代名詞。

「喜憨兒」三個字，替代了那些冰冷、歧視的稱謂，它飽含著台灣俚語「天公疼憨兒」的疼惜與祝福。「憨」帶著忠厚老實的意味，而「喜」則代表著歡喜與希望，與「惜」諧音更添一份疼惜之情。就這樣，「喜憨兒」這個充滿陽光的名字誕生了，它不僅僅是一個稱謂的改變，更承載著社會對這群孩子態度的轉變，從憐憫走向接納與欣賞。是啊，這群孩子的心靈如同未經雕琢的璞玉，純真而直接，他們的喜怒哀樂，往往像夏日的晴雨，來得快去得也快，那抹發自內心的笑容，更是擁有著穿透陰霾的力量。

從舉步維艱，到繁星滿天

1998年4月，喜憨兒基金會受到花旗銀行的邀請，前往台北統領百貨公司設立工作站。在開幕儀式中，一群憨兒們在擁擠的人群中緩慢地走向舞台，寸步難行。就在這個時候，一位電視台的導播對著人群喊道：「喜憨兒來了，請讓路。」這是歷史性的一刻，也是第一次，「智障者」這個稱謂，真正在公眾場合被「喜憨兒」所取代。從那之後，無論是報紙、電視媒體，還是社會大眾，「喜憨兒」逐漸成為心智障礙者的代名詞。而「憨」這個字，在社會上也帶有了忠厚老實的意涵。

還有一次，喜憨兒基金會剛成立不久，我們在一個社區舉辦義賣活動。那時的憨兒們，對於要如何向陌生人推銷我們的產品，都還顯得十分羞澀。有個名叫小王的憨兒，他總是低著頭，雙手緊緊抓著手裡的餅乾，臉漲得通紅，卻怎麼樣也開不了口。眼看著其他夥伴們努力地叫賣著，他顯得更加焦慮。就在這個時候，另一位憨兒小李，突然大聲喊道：「餅乾義賣一包一百元！」小王聽到後，彷彿被點醒一般，也鼓起勇氣，大聲喊出：「我也是！」那句稚嫩卻充滿力量的「我也是！」至今仍然清晰地迴盪在我的耳邊。那是憨兒們第一次勇敢地向社會發聲，用他們的方式，證明自己的價值。

　　類似這樣充滿溫暖的瞬間，在喜憨兒基金會的30年歲月裡，如同夜空中的繁星，數也數不清。有憨兒在烘焙屋裡，專注地揉捏著麵團，臉上沾滿了麵粉，卻絲毫不減他認真的神情。當香噴噴的麵包出爐，他們會露出滿足的笑容，那份喜悅，彷彿是創造了一件藝術品。有憨兒在餐廳裡，雖然動作可能不像一般服務生那樣俐落，但他們總是努力地為客人端上餐點，臉上掛著靦腆卻真誠的微笑。那份純真，往往能融化客人們心中的疲憊。

　　憨兒的笑容，是我們最初也是最終的動力。他們的笑容純真無邪，沒有絲毫的矯飾與心機。還記得在天使餐坊開幕後，一位中山大學的學生在網路上分享了他的用餐體驗，他寫道：「餐坊可能只有麵包、點心及湯稱得上好吃，可是我喜歡這裡的氣氛，那種與世無爭、沒有心機的感覺，只有在他們臉上，還那麼流傳著，也只有在他們臉上，我才能找回絕跡已久的純真，那份曾經在你我臉上都存在過的純

真。」這段話深深觸動了我，也讓我更加確信，憨兒的純真笑容，是社會上最珍貴的寶藏。

誰也帶不走的純真

書法家陳世憲先生為喜憨兒烘焙屋題寫了「天生我才必有用」的書法作品。他在說明創作理念時，提及他見到喜憨兒們憨厚可愛的模樣。他觀察到他們內心的形象，並試圖將他們的樣子表現出來。正是在這個背景下，他用了這句話來形容憨兒們那種單純的快樂：「一顆糖果就可能使他們樂得合不攏嘴」。

這句話展現了憨兒們簡單而純真的快樂，陳世憲先生認為他們需要被關懷，更需要有人來發現他們的美以及美麗的心靈。這個例子突顯了憨兒們即使面對挑戰，仍保有那份最珍貴的純真，就像基金會的Logo設計理念中，以徒手畫筆、象徵純真的意象一樣。

喜憨兒基金會的Logo設計理念，是在1995年初委由林國慶設計師完成的。我們希望能透過這個標誌，傳達憨兒最寶貴的特質。

Logo設計的核心，是採用了「徒手畫的筆觸」。這些筆觸看似簡單、沒有經過雕琢，卻最能象徵憨兒們那份純真的意象。

紅色：象徵熱心與喜悅。
藍色：象徵純真與希望。
橙色：象徵健康與積極。

他們的內心是單純、沒有心機的。就像Logo上的線條一樣，直接而樸實。Logo設計也希望呈現出基金會「為心智障礙者開創生命的尊嚴與喜悅」的使命與願景。這個笑臉結合徒手畫的筆觸，恰恰傳達了憨兒們即使面對挑戰，仍保有的那份純真和樂觀精神。我們希望這個Logo能讓社會大眾，一眼就看到憨兒們最美好的樣子。

你或許曾在喜憨兒烘焙屋裡，看見他們專注地揉著麵糰，臉上沾著些許麵粉，卻絲毫不減那份認真的神情，當你拿起他們親手製作的點心，送上由衷的讚美時，他們會害羞地抬起頭，露出一抹靦腆卻充滿力量的微笑。那笑容裡，沒有絲毫的矯飾，只有最純粹的喜悅和成就感，像陽光一般，溫暖著每一個人的心房。

匯聚無限真誠與善意共同開創的一條路

萬事起頭難，喜憨兒基金會的草創時期可謂篳路藍縷，資源匱乏是擺在眼前的巨大挑戰。為了籌集最初的五百萬元母基金，家長們展現了驚人的韌性與無私的愛。他們如同蒲公英的種子，散落在各個角落，努力地向親朋好友解釋成立基金會的宗旨與為「憨兒」們創造未來希望的願景。舉辦同學會、挨家挨戶拜訪，一次次的請求，有時換來的是不解與躲避，但他們從未輕言放棄。最後，我們想到了發行「喜憨兒之友愛心券」，每一張都承載著一份沉甸甸的愛與期盼。我自己率先買下編號「A0001」的愛心券，如同在寒冷的冬夜點燃一盞微弱的燈火，希望能吸引更多人加入這份溫暖的行列。「募款箱中要

先放一張鈔票才能拋磚引玉」，造成一股蝴蝶效應的熱潮。正是這份家長們的無私付出和社會各界的涓滴支持，匯聚成基金會得以啟航的第一筆資金，更是體現了早期創辦者們的堅毅與用心。

除了憨兒們的笑容，家長們的笑容，更是支撐我們走下去的重要力量。很多憨兒的父母，在開始得知孩子是心智障礙時，都經歷了巨大的痛苦與不確定性。他們不眠不休，付出了比一般父母多出數十倍的心血。但是，當他們看到自己的孩子在喜憨兒基金會找到歸屬，學會獨立，甚至擁有一份工作時，那份欣慰與驕傲的笑容，是任何言語都無法形容的。那是一種苦盡甘來的喜悅，也是對我們工作的最大肯定。

還有那些默默付出的志工們，他們的笑容，如同陽光雨露，滋潤著憨兒們的心田。他們不遺餘力地參與，無私地為憨兒們提供各種協助，教導他們生活技能，陪伴他們參與活動。他們的耐心、愛心，與不求回報的奉獻，為憨兒們創造了更多無限的可能，也為我們的團隊注入了溫暖的力量。

這些笑容，或靦腆、或開朗、或充滿成就感，這些種種，卻都那麼真誠，那麼有感染力。它們是喜憨兒基金會30年來最珍貴的收藏，也是支持我們持續前行的取之不盡、用之不竭的泉源。正是因為這份笑容的力量，讓我們相信，即使面對再多的困難與挑戰，只要心中有愛，腳下有路，我們就能一直走下去，為更多的憨兒們，創造更多溫暖的瞬間。這份笑容，是一份驕傲，永不消逝。

第二章

永續的起點：30年里程碑

回顧喜憨兒基金會的發展歷程，就像一部充滿荊棘卻也處處可見希望的奮鬥史。我們的起點篳路藍縷，過程中又滿布荊棘，並非一帆風順，卻也正是那些early challenges，砥礪了我們繼續to achieve sustainability。

1995年6月29日，高雄市教育局的一紙公文，正式宣告了「喜憨兒文教基金會」的誕生。這是全台灣第一家以「歡喜」替代「悲傷」，專注於心智障礙者照顧的基金會，它的成立，為台灣的社會福利事業，開啟了一個嶄新的篇章。我們的使命很明確——「為心智障礙者開創生命的尊嚴與喜悅」，我們的願景也很堅定——「終生教育、終生照顧」；而我們的價值觀，更是直指核心——「改造憨兒生命」。

五百萬元的募款之路，雖然充滿了艱辛，但最終在大家的共同努力下，點點滴滴的愛心匯聚成河，終於在1995年5月底如期完成。20年前，我根本無法想像喜憨兒基金會能夠擁有今天的規模和能力。

為了籌措基金，我們走上街頭，呼籲身邊的親朋好友。我還記得，為了募足最初的五百萬元母基金，我們開始「喜憨兒之友愛心券」，每張一萬元。那時候，我們只是希望能為憨兒們提供最基本的照顧與訓練。

讓所有憨兒們有溫暖之處安歇

當怡佳問出：「爸，是你把我生成這樣的嗎？」這個沉重的問題

時，我沉思頓了一下。怡佳是我的女兒，她的降生，如同生命中一顆意想不到的石子，激起了我們夫妻投入喜憨兒福利事業的決心。怡佳患有重度智能障礙和腦性麻痺，成長的道路充滿了艱辛。為了醫治她，我和淑珍帶著她奔波於各大醫院，進行無數次的復健。還記得在怡佳一次脊椎側彎矯正手術後，麻醉漸漸退去，她醒來的第一句話不是喊痛，而是虛弱地說：「爸爸，我好冷！」這句話深深地觸動了我們夫妻的心，也讓我們更加堅定要為所有像怡佳一樣的孩子們創造一個溫暖的避風港。

千禧年中秋節前夕，在一個寧靜的夜晚，睡夢中的怡佳突然起身，傾著頭，用稚嫩的聲音問了我一個尖銳的問題：「爸，是你把我生成這樣的嗎？」這句話如同重錘般敲擊著我們的心扉，久久無法言語。我只能緊緊地摟著女兒，喃喃地道歉說：「我們又何曾想把妳生成這樣呢！我們深深了解妳承受著無比的苦難與折磨，我們只能用愛來彌補這一切的缺陷。」儘管怡佳的成長充滿挑戰，但她卻用最真摯的愛溫暖著家人的心。有一次，在我心臟手術後，虛弱地躺在病床上，原本憨厚的怡佳竟蹣跚地走到床前，唱起了改編歌詞的兒歌：「世上只有爸爸好，有爸的孩子是塊寶！」那份純真的情感，毫無保留地流露出來，讓在場的所有人都為之動容。我也因此發願，要將自己的一生奉獻給所有需要幫助的「喜憨兒」們。這份深沉的父愛是支持家庭前行的力量。

還記得我們成立喜憨兒劇團的時候，許多憨兒們從原本的內向沉靜，變得願意打開自己，在舞台上盡情揮灑他們的創意。有個名叫廷

廷的憨兒，他同時是樂團的打擊樂手，也是劇團的活躍的參與者。他的父母告訴我，廷廷小時候非常害羞，連跟人打招呼都會臉紅。但是，自從加入劇團後，他就像變了一個人似的，為了戲劇角色，他會自己一個人默默地練習。當他在舞台上，穿著明朝的戲服，用自己獨特的方式演繹角色時，台下的觀眾常常被他的真情所打動，報以熱烈的掌聲。那份從內心散發出來的氣質與自信，讓所有人都為之動容。

那一刻，所有的艱辛與付出，都化為了無比的欣慰。我知道，這群被稱為「永遠的孩子」的憨兒們，他們或許不像展翅高飛的風箏那般絢麗奪目，但他們卻是那股無聲無息、卻又不可或缺的力量，支撐著我們，讓我們能夠飛得更高更遠。他們的笑容，是我們前進的動力，是我們堅持的理由，更是這個社會最珍貴的寶藏。

1997年3月2日，第一家「喜憨兒烘焙屋」在高雄成立。這是一個重要的里程碑，它標誌著我們從單純的福利機構，走向了社會企業的模式。我們深信，透過提供工作機會和技能培訓，能夠讓憨兒們自力更生，創造生命的價值與尊嚴。讓憨兒們能夠學習一技之長，從被服務者轉變為服務者；從資源消耗者轉變為資源創造者。

烘焙屋的成立，並非一帆風順。當時，在我們的內部也曾引發一番論戰：一個非營利組織，有著崇高的社會使命和終生照顧的願景，怎麼可以販賣麵包來營利？高尚宏大的社會使命，豈能被看似低俗的營利行為所玷汙？然而，我們深信，莎士比亞說過：「金子這東西，只要一點點，就會使黑的變白的，錯的變對的，醜的變美的，懦夫變勇士。」錢非萬能，沒錢萬萬不能，金錢的效能如此之大，我們怎能

不好好運用它來創造價值，使組織永續發展？

我們也從墨子的思想中得到啟發：「兼相愛，交相利。」愛與利並非對立，而是可以緊密融合在一起的。社會照顧的「愛」，與企業經營的「利」，可以相互促進、共同發展。這裡的「利」，並非追求私利，而是「計利當計天下利」的公利、大利。如果能將愛與利視為無私的大愛和無我的大利，那麼非營利事業就應該成為「非常營利的事業」。

因此，我們堅持開創喜憨兒烘焙屋，並非單純的商業行為，而是一種顛覆性的創新。這種創新不一定要是實體的創新，更重要的是商業模式和體驗的創新。我們要克服別人不想做、不敢做、不能做的困難，將看似沒有經濟價值的憨兒勞動，轉變為有經濟價值，同時也創造出巨大的社會價值。讓憨兒們在烘焙的過程中，找到生命的尊嚴與喜悅。

烘焙屋的成立，也吸引了社會各界的關注。1997年，喜憨兒烘焙屋成立不久，就以其自力更生的創意與創新，吸引了花旗銀行的到訪。當時，從紐約來的花旗基金會CEO保羅，在簡報中品嚐到了喜憨兒親手製作的餅乾，隨後更親自到大順路門市與庇護工場進行實地考察。當他走進二樓的烘焙工場，看到一位腦性麻痺的女孩，正專注地將餅乾漿液一滴一滴地擠到烤盤上時，我告訴保羅，他剛才品嚐到的蘭格夏餅乾，正是這位憨兒用她生命的力量所製作出來的。

保羅先生被這一幕深深感動，他親身體驗到了憨兒們的用心與努

力，這份觸動感官、情感、思想、行動與關聯的體驗，最終促使他決定大力贊助這家剛成立的喜憨兒烘焙屋，支持憨兒們持續地自立自強，永續發展。這一次成功的「體驗行銷」，不僅為喜憨兒烘焙屋帶來了寶貴的資源，更在社會上樹立了良好的口碑。

為了慶祝喜憨兒烘焙屋的成立，並進一步提升基金會的知名度，1997年10月18日，我們與花旗銀行合作，在高雄新光三越舉辦了「用愛填滿了喜憨兒烘焙屋」的活動，成功製作了一個九十六平方米的「超世紀大餅」。這個巨大的餅乾，不僅打破了當時金氏世界紀錄，更引起了全國媒體的競相報導，單日就蒐集到了三十一篇相關新聞。花旗銀行也對這次活動的成功讚嘆不已，他們表示，從未有過如此多的媒體報導，而喜憨兒也因此聲名遠播，贏得了社會大眾的掌聲與肯定。

1998年，花旗銀行與華視更進一步合作，在台北麗晶飯店為喜憨兒發行了「喜憨兒認同卡」。消費者每刷一筆金額，花旗銀行就會捐款千分之三點七五給喜憨兒基金會，作為憨兒照顧的基金。在當時，這是一個捐款比例最高的公益認同卡。同年6月，為了宣導喜憨兒認同卡的公益關懷理念，我們也在台北世貿國際演藝廳舉辦了「永遠的小孩」慈善晚會，邀請到當時的天王巨星成龍參加迪士尼卡通片《花木蘭》的首映會。成龍大哥更在開幕前為喜憨兒擊鼓表演，鼓勵憨兒們發揮自立自強的精神，勇往邁進。

同年，我們受花旗銀行之邀，前往台北統領百貨公司設立工作站。就是在那個時候，一位電視台的導播，在擁擠的人群中喊出：

「喜憨兒來了，請讓路。」這句話，第一個將「智障者」這個詞彙，轉化為更溫暖、更正面的「喜憨兒」。從此，「喜憨兒」這個名字，開始被社會大眾所認識與接受。這不只是一個名稱的改變，更代表著社會對心智障礙者態度的轉變。這是一個重要的里程碑，標誌著憨兒們開始走出封閉的環境、走向社會，透過工作展現自己的能力。同年，基於對心智障礙者藝術教育的支持，1999年喜憨兒樂團正式成立，為憨兒們開啟了透過音樂陶冶身心的道路。

永續經營的社會企業

隨著服務的擴展，我們意識到，要實現「終生教育、終生照顧」的願景，光靠當初的熱情與努力是遠遠不夠的。我們必須尋找永續的經營模式，才能給予基金會永續的經營。2001年，我們向內政部申請成立「喜憨兒社會福利基金會」，朝to expand our services across Taiwan。同一年，我們在天使餐坊的開幕，更標誌著我們在「社會企業」道路上的初步探索。

2001年5月為了擴大照顧全台各地的憨兒，基金會募足三千萬元，向內政部申請成立「喜憨兒社會福利基金會」。同年底，第一家由政府委託經營的天使餐坊開幕，為憨兒們提供了餐飲服務的訓練和就業機會。

然而，2005年10月5日那天，真的是基金會經歷過最刻骨銘心、充滿無常的一段日子。我們稱它為「六六事件」。當時，四位台北市

議員在事前沒有跟我們做任何查證或溝通的情況下，突然對外爆料，指控我們台北Enjoy餐廳給喜憨兒的時薪只有66元，說這是「苦了喜憨兒，肥了誰？」這個指控，對我們來說簡直是晴天霹靂。

隨後而來的，是排山倒海般的負面媒體報導。各種聳動的標題，像是「剝削喜憨兒」、「基金會A錢」等等，完全沒有經過查證，就這樣見報、上電視。那段時間，社會大眾對我們充滿了質疑與指責。原本支持我們的捐款者紛紛來電，要求終止捐款甚至退款。洽談中的庇護工廠訂單也一個個被取消。基金會的工作人員電話響個不停，根本無法專心照顧憨兒們。那種壓力，真的是千鈞重擔、排山倒海而來。

在這樣巨大的壓力下，我們立刻召開了緊急董事會。我們知道，這場事件對基金會來說，是生死存亡的關鍵。如果議員的指控是真的，那就違背了我們「為心智障礙者開創生命仍尊嚴與喜悅」的使命，那基金會還有什麼存在的理由呢？但事實是，當時Enjoy餐廳的時薪66元是完全依照與台北市勞工局簽訂的合約訂定的，也符合國家的基本工資，合法性絕對沒問題。而且，在當時非營利組織對心智障礙者的照顧薪資所得中，我們絕對是數一數二的。

面對這樣的惡意指控，我們當時想過好幾種應對策略。包括按鈴申告，提出告訴，證明清白。但我們知道，這樣打官司會曠日費時，基金會根本承受不起這樣長期的消耗。我們也想過帶領憨兒和家長到議員辦公室前抗議，但這不是我們希望看到的「以暴制暴」。最後，董事會決定採取一個「以退為進」的策略。

這個策略中最艱難、也最讓人不捨的決定，就是關閉營運狀況不佳的竹北烘焙餐廳。我們知道，這是在輿論、社會責任等多重壓力下，能讓事件最快落幕的方法。雖然竹北店的憨兒們暫時被調到其他工作站，我們宣示服務不打折，但家長們在後來的家長會中哭訴，說孩子們日後無處可去。這種心酸，我們做家長的完全能體會。

然而，正是家長們的哭訴，透過媒體披露，引發了社會大眾、學者專家的反彈。他們開始指責議員們不用功、未經求證、不負責任、粗糙爆料，造成了傷害。議員們最後也只能草草收場，用一句「這不是腳尾飯的翻版」來作為下台階。整個事件，從爆發到落幕，竟然只花了十天！這就像老子說的「夫唯不爭，故天下莫能與之爭也」的智慧展現。

回過頭看，這場危機雖然對喜憨兒基金會的聲譽造成了重大折損，但也讓我們意外收穫了許多。最讓我感動的是，經歷了這麼大的風浪，基金會的同仁沒有一個人離開，他們最清楚基金會的價值和努力。還有媒體記者被家長會上的情景感動，捐出了身上所有的現金。

更重要的轉變來自於王品集團。他們看到我們在竹北關店的消息，王品董事長戴勝益先生覺得很不捨。他看到弱勢族群的餐廳經營不下去，主動聯繫我們。在了解基金會的運作後，他驚訝於我們雖然收入不像大企業，但竟然能有盈餘，稱讚我們是有效率的連鎖餐飲企業。王品集團隨後提供了一年840小時、35學分的免費教育訓練，甚至開放了他們經營的「武林祕笈」。這對當時缺乏連鎖店經營管理經驗的我們來說，無疑是雪中送炭。

這場「六六事件」，讓我們基金會接受了社會最嚴峻的拷問與檢驗。我們也因此成為台灣第一個通過社會檢驗的NPO。這場經歷，就像聖經裡保羅身上的「刺」一樣。它時刻提醒著我們，即使我們變得更強、更大，也必須保持謙卑，要更專業、更執著，同時也要有柔軟的身段。我們從中體會到「謙受益，滿招損」的道理。

諷刺的是，正是因為這場危機，也促使我們更深刻地去面對一個長久以來深藏在心底的憂慮：身為憨兒的父母，我們一天天老去，甚至未來有一天會離開，但我們的憨兒們，他們的心智永遠停留在孩子階段。那時候，我們最擔心的就是：「何處是兒家？」當我們無法再照顧他們時，誰來接手？他們將來有沒有一個永恆的歸宿？於是，在事件發生的隔年（2006年），我與太太毅然決定捐出原本要留給女兒怡佳的旗山土地，開始籌建照顧老憨兒的「天鵝堡」。可以說，「六六事件」這塊傷疤，最終轉化成了我們建設天鵝堡這枚獎章。

打造憨兒城堡

這個「何處是兒家」的叩問，在六六事件的衝擊後變得更加急迫。我們知道，不能只是被動地等待社會資源，我們必須展現更大的決心，為這群「永遠的孩子」找到一個能讓他們有尊嚴、喜悅地終老的地方。這個夢想，就是興建一個照顧老憨兒家園的「天鵝堡」。

其實，「城堡」這個意象，早在2004年就已萌芽。那年，我與太太蕭淑珍帶著女兒怡佳到歐洲旅行。在德國參觀了新天鵝堡，那座獨

特的城堡造型令人印象深刻。當時我們隨口問了憨兒們，他們最想住在什麼地方？孩子們幾乎都說：「住城堡」。或許是童話故事的影響，他們單純的心願，像一顆種子，種在了我們心裡。

而這個家園的地點，說起來也是充滿因緣。那是我父親早年在高雄的一塊土地，因政府徵收留下道路用地，發放錢買旗山用地。經過一些曲折，這塊地又回到了我們手中。在2005年六六事件後，面對危機與對憨兒未來的深切憂慮，我們做了一個非常重大的決定。我與太太蕭淑珍，決定將這塊原本計畫要留給女兒怡佳當嫁妝的旗山土地捐出來。這塊地，我們稱它為「福田」，因為它是上天冥冥中留下的，也是能種福報的地方。捐出土地，是我們將對怡佳的「小愛」，擴大為照顧更多憨兒的「大愛」。

2006年，這個捐地的決定正式付諸行動，是天鵝堡從一個夢想和決心，開始紮根成為實際計畫的關鍵一年。我們將這塊土地進行了分割，並配合後續興建計畫所需，申請變更地目為特定目的事業用地。在2006年六月，我們完成了土地捐贈的法律程序，並進行了法院公證。從那一刻起，這塊地，就正式屬於喜憨兒基金會，承載著照顧老憨兒的使命。

天鵝堡的名字，結合了憨兒們想住城堡的夢想，以及我們認為這群孩子是上天賜予的「天兒」，天鵝（tiān'é）與天兒（tiān'ér）諧音，表達了濃厚的愛意。雖然後來在實際興建過程中，我們也遇到了許多困難，包括當地居民對基金會興建計畫的誤解和反對，但捐出土地的行動，以及背後那份為憨兒們建立永恆家園的迫切需求和不服輸

的精神，推動著我們繼續向前。

雖然過程艱辛、充滿挑戰，但我們沒有被打垮，反而變得更強、更大。員工更團結，憨兒更有尊嚴、喜悅和幸福。這段經歷，讓我們更堅定地走在「行善」這條路上，也更深刻地體會到，「什麼時候軟弱，什麼時候就剛強」的意義。

我們喜憨兒基金會像棵大樹一樣，為我們的憨兒們遮風擋雨。我們該如何全方位地照顧我們的憨兒們，陪伴他們度過一生？所以，我們就設計了這個「Logo Tree」，希望能用一個更直觀、更有生命力的圖像來表達我們的服務。

這個「樹」的概念，是依照憨兒們的「生、老、病、苦」這個生命週期來建構的。大家看這棵樹，它就象徵著喜憨兒基金會提供的全面性照顧體系。樹的各個部分代表了不同的服務，從工作訓練的烘焙屋、餐廳、農場，到年老後的安養家園天鵝堡。

這個Logo Tree不只是一個圖案，它代表著我們跟憨兒們一起努力成長、逐漸茁壯的過程。透過它，大家可以很清楚地看到，我們的服務是如何涵蓋憨兒們生命中的不同階段，實踐我們「終生照顧」的承諾。這就像一棵大樹，為憨兒們提供依靠和遮蔽。

第三章

生命的綻放：憨兒的故事

在喜憨兒基金會的大家庭裡，每一個生命都像一顆獨特的種子，在愛與關懷的滋養下，努力綻放出屬於自己的色彩。

昂昂是中和工場西點部的得力助手，他憑藉著對工作的熱愛與不放棄的精神，通過了「烘焙食品之西點蛋糕」丙級證照考試。當他拿到證照的那一刻，臉上露出了燦爛的笑容，證明了自己的努力沒有白費。昂昂的故事告訴我們，只要堅持，就一定能辦到。

多才多藝的立夫：從熱愛韓國流行音樂到在身障奧運高爾夫球賽事中屢獲佳績。他對不同課程的投入以及持之以恆的練習，展現了憨兒的無限潛能。

笑聲遠播的蛋糕快手小佩：在烘焙屋擔任重要助手，尤其在彌月蛋糕訂單高峰期，以快速且確保品質的包裝技術贏得「蛋糕快手」的美譽。她對家庭的責任感以及對哥哥的照顧，體現了憨兒的善良與溫暖。

熱心女童軍雅薇：智能中度障礙，卻積極參與女童軍活動。她在家中是媽媽的好幫手，在團體活動中學習服務他人，體現了憨兒融入社會的渴望。

環遊世界我也行的小龍：儘管看似害羞，卻懷揣著環遊世界的夢想。在社工的協助下，他努力學習訂房、匯款等技能，展現了憨兒追求夢想的決定。

小梁的故事，是堅持與獨立的讚歌。詳細記錄了小梁在基金會

十七年的成長歷程。從最初需要協助的學員，到能獨立完成包裝筷子、清潔工作及門市服務，小梁付出了巨大的努力。他不僅學會了各項作業技能，更在交通訓練後，能夠獨立搭乘公車往返家中與建元站，甚至知道如何抄小路。更令人欣慰的是，小梁也學會了生活自理，出門前會檢視自己的服裝儀容。小梁的進步，證明了只要提供適當的訓練與支持，心智障礙者也能擁有獨立生活的能力。他的媽媽為他的成長感到非常高興和欣慰，這份喜悅，是對基金會服務最好的肯定。

小伶的故事，則是勤奮與熱忱的寫照。小伶在民生餐廳以其烏黑長髮和迷人笑容，親切地招呼客人。她不僅能如數家珍地介紹喜餅、麵包和精緻餐點，更能從招呼客人、接訂單到收銀、打烊收尾，展現出無所不能的工作能力。一次外出義賣，面對客人「哪一種好吃？」的提問，小伶細心地說明每一樣麵包的口味，成功地推銷出去。這熟練的工作表現背後，是超過十年的扎實經驗和不斷適應學習的過程。小伶的爸爸驕傲地說，女兒進入基金會後，個性變得開朗，更主動與人談話，在家也能幫忙賣水果。小伶的努力，展現了心智障礙者也能在職場上發光發熱，並獲得家人的認可與驕傲。

丫安，唐寶寶，有別於人們印象中的唐寶寶，活潑、外向、好動，丫安個性內斂、文靜，有著敏感纖細的心，總是讓人感到溫暖，當那微笑露出時，會撫慰著每個人的心，當那可愛天真的笑聲傳來時，保證也會讓大家跟著呵呵大笑。丫安有語障，已從二個字詞彙慢慢學習，現在一次能說出四到五個字的短句。丫安喜歡寫字及畫畫，

常會利用寫字及繪畫來表達自己的想法及情緒，你可從這之中感受到許多的感動，當然更會有讓你驚喜的發現，丫安有屬於自己特別的創造力及表達方式。

　　阿保是在2003年的冬天來到喜憨兒的，他具有魯凱族的血統，會聽族語但不會說，他有著黝黑的皮膚、高大壯碩的身軀，剛理完頭髮的阿保從背後看去有點像是灌籃高手裡的「赤木」，挺酷的！阿保的個性有點固執、喜惡分明、偶爾也會撒嬌，相當喜歡參加基金會所舉辦的課程或活動。到烘焙屋時總是在內場認真默默的擦著空箱，較少聽到阿保的聲音，與人對談時眼睛總是不敢直視對方、會有所飄移，且回答多以單句表達，直到參與戲劇課、慢慢接受門市服務訓練之後，大塊頭的阿保有了變化，會主動與老師、同儕打招呼，且說話時也會直視對方的眼睛，話也變得比較多了，可以明確的以「短句」的敘述表達自己的意思，現在的阿保可以自在的和同儕聊天，並且調皮的發出一些動物的叫聲引起他人的注意、逗他人開心，也會主動關心同儕、老師，可以勝任門市招呼的工作，看到客人進門時，即時的送上真誠的微笑和「歡迎光臨」接待客人！阿保的進步帶給曾經帶領他的老師、工作同仁及家人無比的雀躍和欣慰，也期待阿保的微笑能繼續保持下去。

　　「老師，蛋糕只要這樣放就不會倒了！」西點魔法師小明穿起廚師袍，每日都很努力的學習當一位西點助手，小明說他想要把蛋糕裝飾得很漂亮，他想要看見客人的笑容，蛋糕櫃內的小蛋糕都是他努力的成果，看著一個個小蛋糕像被施了魔法似的變得好漂亮，不禁想為

他鼓掌,大聲的對他說:「你真的好棒!」小明要用魔法般的雙手創造希望,希望大家每天都很幸福!

阿涵,腦性麻痺造成的語障、聽障以及肢障,造成阿涵對外界的溝通不佳,因此,原來的阿涵總是覺得自己什麼都做不好,不願意嘗試新的事物,也不太願意主動與他人交談,但透過園藝治療的活動,多次給予阿涵成功的經驗後,漸漸得,阿涵變得對自己有自信,臉上也常常可看到燦爛的笑容,現在的阿涵可是一位園藝高手,任何一種植物在阿涵的細心呵護下,顯得綠意盎然。阿涵也表示歡迎大家和他聊聊有關園藝的事情,與他做朋友喔!

廷廷的故事,是藝術天賦與勇於嘗試的證明。廷廷不僅是喜憨兒樂團的資深成員,也是劇團的一員。從小就對音樂有濃厚興趣的廷廷,在小學五年級時開始學習打擊樂和鋼琴,並在2008年樂團和劇團公演結束後的慶功宴上,答應加入劇團。個性文靜的廷廷,為了劇碼會利用休息空檔練習演戲,改變了原先沉默的個性,並利用週末勤加練琴、敲鐵琴、演練劇碼。廷廷的經歷展現了心智障礙者在藝術領域的潛能,以及透過參與團體活動,能夠拓展自我,融入社會。他的父母也給予他充分的支持與鼓勵,看著他在舞台上綻放笑容,為自己贏得尊重。

2011年11月16日在高雄文化中心的這場活動,對於喜憨兒基金會具有深刻的意義。那一天,一群在尚禮街接受照顧、重度以上的憨兒們,粉墨登場,在舞台上一個字一個字吃力地朗誦了詩句〈風箏下的

一陣風〉。這首詩將喜憨兒比喻為支撐風箏飛行的「風」,而基金會是風箏。詩中描繪了他們默默、辛勤地付出,不求回報,卻是使風箏（基金會）得以高飛的無名英雄。

第四章

藝術與創作：憨兒的無限可能

在許多人的印象中，憨兒或許不擅長表達，或許缺乏創造力。然而，在我們的眼中，憨兒們的生命如同璞玉，雖然外表或許不夠完美，但內在卻蘊藏著無限的潛能，等待著被發現和雕琢。藝術與創作，正是開啟這些潛能、展現他們獨特光芒的重要鑰匙。

藝術是心靈的出口，創作是夢想的翅膀。在喜憨兒基金會，我們深信每一位憨兒都擁有獨特的藝術潛能，透過藝術的啟發與滋養，他們可以展現自我，肯定價值，並與世界建立更深刻的連結。

喜憨兒劇團的成立，則受到了加拿大黑光劇團的啟發。自2003年首次公開演出以來，劇團每年都會推出一齣新戲，至今已累積了二十部作品。創立豆子劇團及快樂鳥劇場的曾秀玲導演，針對每位憨兒團員的特質編排角色，並運用黑光劇的形式，透過絢麗的螢光豐富漆黑的舞台，就像期待憨兒們能夠藉由舞台表演，肯定自我的價值，在黑暗中看見繽紛的光芒。雖然憨兒團員們白天都在不同的場域工作，但每到週四晚上，他們都會風雨無阻地前來參加團練。志工們化身為劇團助教，協助憨兒走位、操作道具、換裝等。家長們也從最初的陪伴，到後來還會上台客串。喜憨兒劇團的演出不僅充滿創意和美感，更深深地打動了觀眾的心。2013年，劇團更獲得了高雄市文化局頒發「傑出演藝團隊」的殊榮。

除了音樂和戲劇，基金會也積極探索其他藝術形式，例如繪畫、手工藝品、短文詩作等。憨兒們透過這些創作，表達他們的情感、展現他們的想像力，以及分享他們對世界的獨特看法。他們的畫作或許線條不夠流暢，色彩搭配不夠協調，但每一筆每一劃都飽含真情；他

們的手工藝品或許不夠精緻完美，但每一件都凝聚著他們的用心和努力；他們的文字或許質樸簡單，但每一句都透露出他們純真的心靈。

透過藝術與創作揮灑自我

憨兒雖然不善言語表達，但透過繪畫將情感揮灑於畫布上，就是最好的情感傳遞。五十二歲智能障礙中度的彩花，父母離世，唯一哥哥要照顧生病的嫂嫂及彩花分身乏術，將彩花送至天鵝堡全日型照顧中心接受照顧，家園老師發現彩花喜歡畫圖，鼓勵她去參加旗美社區大學的油畫班，這是彩花第一次參加非身障者團體活動，對她來說相當的新奇。

彩花表示，老師很有耐心，會過來關心並給她方向，身旁同學也是，在這油畫班感受到每位學員的熱情與互相照顧。在課程中老師提到，在繪畫一幅有感情的畫，下筆時要勇敢大膽的下筆，越下不了筆那幅畫就越不漂亮，讓她印象深刻。

彩花指出，上課期間班上有聚餐活動、外出看展覽及油畫作品期末聯展，每場她都有參加，同學也很願意和她聊天，很融洽的相處。

油畫班老師莊孟雯說，彩花在學習態度上很讓人感動與佩服，每次揹著重重的油畫用具走路來教室上課，且從不缺課。剛來上課時，雖知道她的情形，為使她跟一般學員打成一片，站在同一水平學習不會用特別的方式教導她，依她的筆觸及用色引導彩花找到適合自己的

繪畫特色，同時，指導彩花習畫不用急，唯有學習更多的作品，才能找到自己的風格，踏實的經營作品，藝術殿堂裡自然會有一片天空。

在每一年中的重大節慶，基金會也積極與藝術家合作，推出公益聯名設計，將憨兒們的創作融入到各種產品中，讓更多人有機會欣賞到他們的才華。這些聯名產品不僅具有獨特的藝術價值，更承載著一份愛心和關懷。

2000年的時候，我們看到幾米插畫《月亮忘記了》裡頭那黃澄澄的月亮，覺得跟我們喜憨兒的黃色笑臉Logo特別搭。您看，我們Logo的顏色設計，黃色代表發展和烘焙可口的美味。於是我們就聯絡幾米先生，他一口答應免費提供插畫給我們月餅DM合作。這是一個很成功的例子，讓我們的月餅有了創新的風貌，首次在市場上有了一個位置。

名人效應激起善的漣漪

許多名人也透過不同的方式支持憨兒們的藝術創作。例如，總統夫人周美青曾與喜憨兒童軍團一起進行耶誕彩繪；知名圖文創作家馬克曾為喜憨兒設計獨家捐款紀念品的插圖；艾力克斯與李詠嫻曾邀請粉絲支持喜憨兒劇團。這些支持不僅提升了憨兒們的自信心，也讓更多人關注到他們的藝術天賦。

另外一個代表名人就是林依晨小姐。喜憨兒的林依晨效應，影響

了很多新人，讓喜憨兒喜餅成了他們的首選。這造成了訂單暴增，甚至因為我們不讓憨兒加班，還限制了產量，顧客打電話來都訂不到。主要是林依晨小姐的形象和影響力帶動了銷售，這確實是透過名人效應推廣了我們的產品，但她的支持對喜餅的推廣和銷售影響巨大。

　　正如書法家陳世憲為喜憨兒烘焙屋題下的「天生我才必有用」，我們堅信，每一位憨兒都有其獨特的才能與價值，而藝術正是幫助他們展現這些才能的最佳途徑。憨兒們的藝術創作，不僅為他們的生活增添了色彩，也為社會帶來了更多的美好和感動。他們的純真和創意，常常能觸動我們內心最柔軟的部分，讓我們重新審視生命的意義和價值。透過藝術，憨兒們與世界分享他們的夢想，也讓我們看到了生命的多樣性和無限可能性。在未來的日子裡，我們期待看到更多憨兒們在藝術的領域裡自由翱翔，創造出更多令人驚喜的作品，讓世界感受到他們獨特的魅力。未來，喜憨兒基金會將繼續為憨兒們提供更多元的藝術學習平台，鼓勵他們勇敢創作，盡情揮灑，讓他們的生命因藝術而更加精彩。或許有一天，我們能看到更多憨兒藝術家在不同的領域發光發熱，用他們的創作感動更多人，讓世界看見他們無限的可能，看見他們生命綻放出的絢爛色彩！

第五章

創新服務：
邁向永續未來

當時的社會環境，對這群「永遠的孩子」沒有足夠的支持系統，我們不敢奢望他們能像一般人一樣「成家立業」。但我們深信，要讓他們「立業」，不只是接受幫助，而是能透過工作證明自己，找回生命的尊嚴。

但對我們來說，這不是為了營利而營利，而是一種「顛覆性創新」。就是要去做那些別人覺得不可能、沒有經濟價值的事情，把它們轉變成有價值、有貢獻。我們相信，要讓憨兒們擁有尊嚴，就不能只當「待人餵食的雁鴨」，而是要「自創資源」，在社會照顧中導入企業經營的理念。這在當時是個很大膽的想法，但我們堅信，這是一種「顛覆性創新」，要把那些原本看似沒有經濟、社會價值的孩子們，轉變成有價值、有貢獻的人。

所以，我們決定「自創資源」，導選擇了烘焙和餐飲，因為「食為先，愛如天」，食物是基本需求，而將「愛」這個第六元素融入料理中，更能創造出獨特的價值與故事性。我們從高雄開始，開辦了第一家喜憨兒烘焙屋。這就是我們轉型的起點。導入企業經營的理念。從高雄的第一家烘焙屋開始，一步步努力，陸續在全台灣建立了118個工作站／方案，其中包含了30處庇護工場、烘焙屋和餐廳。這些地方不只是單純的工作場所，更是憨兒們學習和成長的舞台。

在營運模式上，我們讓憨兒們從「被服務者變成服務者」，從「資源消耗者轉變為資源創造者」。我們引進企業的管理模式，並根據憨兒們「個別的差異」，提供庇護性的工作環境，安排就業輔導員進行長期的輔導與追蹤。我們甚至與專業企業合作，像是王品集團就

曾在「六六事件」後,無私地為我們規劃了一整年的專業教育訓練課程,涵蓋了接待、管理等面向。他們認為我們是「有效率的連鎖餐廳企業」。

打造憨兒的品牌、品質與競爭力

為了在市場上建立競爭力,我們不只注重產品品質,更積極進行品牌行銷。我們推出了有口皆碑的月餅、喜餅,用「愛心」作為最容易推薦的元素。我們結合創意行銷,例如與幾米合作月餅包裝,舉辦「超世紀大餅」活動創造話題,甚至利用「飢渴行銷」策略,讓喜憨兒喜餅成為新人的首選。花旗銀行總裁親自參訪,品嚐餅乾並看到憨兒認真製作的身影,這段「體驗行銷」促使他們決定贊助我們。

將單純的庇護概念,注入企業經營的活力與市場競爭力,讓庇護工場不再只是「被服務」的地方,而是能「創造價值」的社會企業,這條路雖然充滿挑戰,甚至經歷了「六六事件」這樣的危機,但看到憨兒們因此能夠自食其力,臉上洋溢著那份單純而珍貴的喜悅,這就是我們堅持下去最大的動力,也是這份事業最美麗的意義所在。

透過這些工作訓練和支持,憨兒們不只學會了技能,更重要的是,他們「創造了價值」。這些庇護工場提供的穩定就業,讓憨兒們能自食其力,幫助他們掙回了生命的尊嚴與喜悅。對我們來說,看到他們臉上那份單純的快樂與成就感,就是這條創業路上最大的支持力量。看到他們認真工作的身影,臉上那份純真的喜悅,是最大的安

慰。就像一位家長分享的，聽到有人稱她的孩子是「很會做麵包的孩子」，所有心酸都釋懷了，因為孩子被看見了價值。透過這些努力，我們為憨兒們提供了穩定的就業機會，讓他們能夠自食其力，更重要的是，幫助他們掙回了生命的尊嚴與意義。

除了烘焙屋和餐廳，喜憨兒基金會不斷擴展服務面向，為了給憨兒們更多學習的機會，我們還成立了喜憨兒社區學院，開辦各種課程，豐富憨兒們多元的興趣。我們成立了園藝工作隊，將尚禮店的二樓陽台變成植栽訓練基地，後來更在高雄打造了憨喜農場，讓憨兒在自然環境中學習與工作，並因此獲得勞委會評選為特優團隊。在藝術與人文領域——喜憨兒打擊樂團、喜憨兒劇團，讓他們透過藝術表演，展現才藝。我們甚至還成立了喜憨兒童軍團，讓憨兒們在團體互動中學習合作與學習自我管理。

這些不是一時的活動，而是我們為了實現「終生教育」的承諾，所做的持續努力。我們相信，只要提供適當的機會與支援，憨兒們也能夠不斷學習、不斷成長。體現了「終生教育、終生照顧」的願景。這些多元的訓練和工作機會，不僅提升了憨兒的技能，也豐富了他們的生命體驗。

建造終生庇護的堡壘

隨著憨兒們年齡的增長，我們也開始關注「終生照顧」的問題。為了讓老憨兒能夠安享晚年，我們成立了「喜憨兒天鵝堡」、「憨喜

農場」，為他們提供專業的寓教於樂與關懷照顧。我們想的不只是一般照顧，還要讓憨兒們的生活充滿色彩。

當憨兒年齡增長，家長也逐漸老化。如何照顧「老憨兒」成為新的課題。這催生了基金會最重要的「終生照顧」項目——「喜憨兒天鵝堡」。天鵝堡不僅是一個照護中心，更是憨兒們的「溫馨歸宿」，一個實現「成家」夢想的「城堡」。天鵝堡的命名，源於我們一家三口在德國參訪新天鵝堡的經歷，也來自憨兒們對「城堡」的渴望。更深層的意義是，喜憨兒是上天賜予父母最親愛的「天兒」，與「天鵝」諧音，象徵著這份濃厚且純潔的愛。天鵝堡的Logo，是我因心肌炎手術後，女兒怡佳依偎在我身旁，頭靠著頭的溫暖一刻。這座建築，是父母將對自己孩子的「小愛」擴展到所有憨兒的「大愛」的體現。

天鵝堡的興建過程，也再次考驗並展現了基金會面對挑戰、化解困境的管理智慧與韌性。基金會將捐贈的土地進行地目變更，克服了NPO不能買賣農地的限制。在建設過程中，他們遇到了典型的「鄰避現象」（NIMBY，Not In My Back Yard）。周圍居民因未知而產生恐懼，高舉白布條抗議，提出許多莫須有的罪名，反對興建。基金會採取了「以退為進」的策略延伸，先在該地興建憨喜農場，透過實際的運營，為當地帶來光明（安裝路燈）和和善（協助居民販賣荔枝），逐步化解了居民的疑慮，將「鄰避」轉化為「迎臂」（YIMBY，Yes In My Back Yard）。這展現了基金會並非強行推進，而是以柔克剛，用行動贏得信任，最終實現了天鵝堡的興建。天鵝堡的

建成，提供了一個結合五感（嗅覺、味覺、觸覺、聽覺、視覺）和心靈覺的照護環境。有畫廊可以看畫；音樂教室可以聽音樂；體能中心和復健室讓你活動身體，感受到觸覺。農場種了各式各樣的香草，頂樓還設計了枯山水庭園，那不只是用眼睛看，還可以坐下來靜靜感受徐徐微風，心裡頭也跟著平靜，這就是心靈覺。讓憨兒在安全、有尊嚴的環境中安度一生，也讓家長們卸下了長期心頭的重擔。對家長而言，「沒有天鵝堡，就沒有幸福」，這座城堡承載了他們對憨兒未來所有的盼望，是「終生照顧」美夢成真的具體實踐。

「五覺」甚至「心靈覺」，旨在讓憨兒「離苦得樂」。它的完成，是「兌現永恆的承諾」，也是「美夢成真」。這說明「策略領航」不僅是思考和決策，更是將願景付諸實踐的漫長而艱辛的過程。一位家長說：「高雄的憨兒有天鵝堡就有幸福，台北沒有天鵝堡怎會有幸福？」這句話再次點醒我們「策略領航」的工作還沒有結束，未來還有「北區第二天鵝堡」和「憨兒健康醫療體系」要推展。

走過30個春秋，我們深知，要為憨兒們提供更完善、更長久的照顧，就必須不斷的突破傳統、勇於創新，探索更具永續性的服務模式。我們基金會的創新並非一蹴可幾，而是如同涓涓細流，在不斷的實踐與反思中，匯聚成一股推動組織前行的力量。

教育創新

教育是憨兒們成長的關鍵。基金會在教育方面不斷創新，推出了量身定制的教育課程，從基本生活技能到職業訓練，讓憨兒們能夠在

各自的領域中找到自己的位置。這些教育創新，讓憨兒們不再局限於家庭，而是能夠在社會中找到自己的價值和尊嚴。

技術支持

技術的進步，為憨兒們的生活提供了更多的便利。基金會引入了先進的技術，從智能輔具到在線教育平台，讓憨兒們能夠更好地學習和生活。這些技術支持，成為憨兒們走向未來的重要工具。

社區參與

社區的力量，不容忽視。基金會在社區參與方面不斷創新，推動更多人參與到憨兒的生活中。社區參與的創新，讓憨兒們能夠在一個更大的社會環境中茁壯成長。

環保與永續

永續的未來，需要環保的支持。基金會在環保方面不斷創新，推動憨兒們參與環保活動，從垃圾分類到植樹造林，讓憨兒們能夠成為環保的先鋒。這些環保創新，為憨兒們的未來鋪設了更加綠色的道路。

第六章

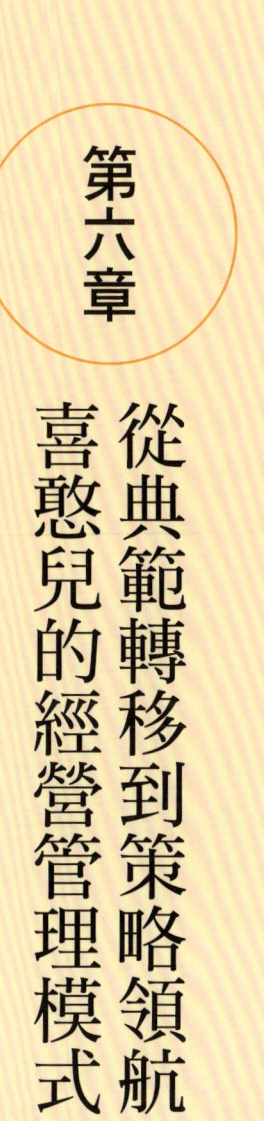

從典範轉移到策略領航：喜憨兒的經營管理模式

天有不測風雲，人有旦夕禍福。一般人對未來普遍存在著一股無常、不確定、難以捉摸、無法掌握的感覺。然而，對於未來並非真的完全混沌不清、不可預期，只要仔細去思考、審慎地去收集過去、現在的種種跡象與徵兆，不難分析出未來的端倪，揣摩出未來的輪廓，並描繪出通往未來的軌跡。有了清晰明朗的遠見，對未來，我們就可以洞燭先機，預先準備並做出最好的因應。

我因患有心疾，醫生囑咐不可做劇烈的運動，因此，在家附近的社區道路騎自行車是我經常的運動方式。有一次騎車到家門口前的一個轉角處，突然從上面傳來一句話：「小心！要發生車禍了！」我趕緊剎車，千鈞一髮之際一位小朋友正騎著他的自行車從轉角急馳而過。幸好這聲音及時地告知了我的未來，避免了一場禍事。而這從上面傳來的聲音，不是上天傳給我的訊息，而是太太在家裡的三樓陽台上看著我騎車運動，因為她站得高看得遠，因此她看到我看不見的未來。從此之後，我相信未來並不是看不見的，也不是高深不可測的，未來應該是有條理、有脈絡可循的。

卓越、創新與預測被認為是開啟未來的三把鑰匙。其中卓越是三鑰之母，它是能在未來生存的基本條件；創新是三鑰之父，它是創造未來優勢的泉源。而正確的預測才能使組織順著通往未來之路向前而行、永續經營，不被時代的潮流所淘汰。

喜憨兒的家屬有了憨兒的牽絆，過去一直生活在業障、因果、輪迴的宿命裡，對未來更是茫然無知、惶恐無助，沒有抱持任何的期望。然而，未來絕不是那麼地弔詭、那麼地陰暗，或許通往未來之路

遙遠崎嶇，只要掌握正確的方向，奮力以赴，相信必能採收到沿途豐富的資源，化危機為轉機，邁向光明的未來。

掌握非營利組織未來的方向

30年前如果有人問：「未來誰是世界手錶業的主宰？」大家一定會異口同聲的回答：「是瑞士。」因為瑞士錶不僅有極佳的品質、精緻的外表，式樣也不斷推陳出新，準確度更是一流水準，市場上有口皆碑。但是沒想到在短短的幾年內，瑞士錶的市場占有率，卻從最盛期的65%降至10%，原有的成就與領導地位，似乎一夕之間傾覆沒落，拱手讓出了手錶王國的寶座。為什麼百年建立的基業會毀於一旦呢？分析最主要的原因是：瑞士錶業者遇到「典範轉移」（paradigm shift）而不自覺。傳統機械式的手錶，被石英錶快速取代，而瑞士沒有預測到未來的高技術產品，一時之間成為沒有競爭力的次級品，原先占有的市場優勢，也當然隨之分崩離兮，整個手錶市場跟著新典範的到來，移轉到積極發展石英電子錶的日本人手中。

「典範是一套規則或是規定，它界定了人們思考及行為的疆界，並指出如何在這領域裡獲得成功。而典範轉移就是一種新競賽、新規則開始，它明確的指出環境變遷的方向與路徑，新典範迫使人們以一種全新的角度來看事物，這種嶄新的角度，讓人們可以看到過去所看不到的世界。」如果你要提升你對未來的預測能力，就不要坐視等待趨勢明朗化，而要留心觀察那些試圖改變的典範先驅者，那才是重大改變的前兆。

管理大師彼得‧杜拉克提倡第三部門——即社會部門，或稱為非營利事業部門，有別於公部門——政府部門，及私部門——企業部門。社會部門所從事的既不像政府部門治理人民，也不像企業組織一般地追求利潤，而是在改造人類，能解決社會與社區內的問題，改善人際與人性間的困難。對於這種社會活動，政府難以全面顧及，因此勉強去做，似乎也做不好，至於企業界對於這類活動，除了少數熱心公益的企業外，一般是不想去做，也設法在逃避這方面的責任。

　　在非營利事業典範轉移的先驅者杜拉克先生的理念中，未來的非營利組織，將不再光是依靠慈善捐款來經營，而應該導入良好的管理制度、設定目標來達成績效。也就是說非營利組織更需要靠「管理」來推展工作，完成使命，並使抽象的使命變成具體可行的行動方案。此外，他也認為既然政府直接推展社會活動有實質上的困難，非營利組織自然要義不容辭地扮演政府承包人的角色，接受政府的委託與補助，以公設民營的方式來經營及提供服務，對外界取得資源。從這裡，我們可看出一個嶄新的典範已經形成，非營利組織要生存、要成長、要進步、要永續經營，透過新典範轉移的模式來推展業務是無可避免的，也刻不容緩。

　　將非營利組織的新界線、新規則與傳統的模式藉由吳思華教授《策略九說》的觀點進行分析，可以得到表一的結果。從表一的比較，可看出新典範的趨勢，我們也可以了解到當代的公益組織應如何自處？如何因應？才能免於受到時代潮流的淘汰，免於淪落到和瑞士手錶一樣的窘境，而能生存在競爭日益激烈的二十一世紀中。

表一：公益組織傳統模式與新典範的策略分析

策略說	傳統模式	新典範趨勢
價值觀	・接受社會救濟 ・消耗社會資源	・在自立自強原則下接受協助 ・創造社會價值
效率觀	・取得多少資源，做多少事 ・無明確目標，無競爭壓力 ・不重視效益	・需自我開創資源 ・有競爭有壓力需發揮效率 ・有明確目標，講求績效
資源觀	・主要來自社會同情的捐助 ・政府專案補助	・創造累積核心資源，形成優勢 ・提高自力更生資源比例，餘由政府及募款協助補足
結構觀	・私營化的小機構 ・公營化的大機構	・公設民營 ・小而美社區化 ・回歸社會主流
競爭觀	・無須競爭 ・面臨萎縮漸被淘汰	・物競天擇由競爭中求進步 ・藉由支持性就業進入競爭性市場
管理觀	・缺乏管理理念 ・績效概念模糊	・有競爭要求效益下，管理很重要 ・需界定並評估績效
互賴觀	・單打獨鬥 ・資源重疊浪費	・建立網路關係 ・水平垂直整合 ・資源資訊充分利用與分享
環境觀	・封閉性，孤立化 ・大型化 ・集中化	・開放型，社區化 ・小型化 ・人性化
本質觀	・消極悲觀 ・受難是輪迴，是業障引起 ・對馬斯洛需要層級無特別規劃	・積極樂觀 ・健康快樂形象 ・受難是常態分布 ・不斷提升馬斯洛的需要層級

喜憨兒基金會為增進憨兒福祉、全心全意地照顧喜憨兒，而訂定了為喜憨兒創造生命喜悅的使命；終生教育、終生照顧的全方位願景；以及以愛心、專業、人性化的經營理念。在在都融入了自立自強、自力更生、管理績效、回歸主流的新觀念與新原則，這些全新的理念與上述新典範轉移的九大策略觀點不謀而合。我們正隨著新典範曲線在形成、在成長、在茁壯，我們必須不斷創新，我們更要時時領導卓越，凡事以新典範的未來為導向，開啟未來之門。

藉著新典範的指引，使我們不致迷失方向，使我們脫胎換骨、昂首闊步，邁向光明燦爛的未來。

當傳統的非營利組織對捐款者大聲疾呼：「我們的需求在這裡」的同時，典範轉移的非營利組織卻說：「這裡呈現的是我們的成果，這就是我們為社會所做的貢獻。」

當有些社會機構正千呼萬喚：「我們要服務○○位的心智障礙者，請多多贊助」的同時，喜憨兒基金會輔導成功的喜憨兒則驕傲地說：「我們在去年總共服務了○○萬人次的消費者。」

以上的兩段敘述，說明了新舊典範的差異，「未來」對傳統的新典範抉擇應該是相當明顯的。典範轉移需要經歷心靈的全新探索，要細細的推敲，更要反覆地思索，它是一項創新，是一種超越，而要超越就需能捨棄，能拋掉傳統舊有的桎梏與觀念。新典範不是靠學習得來，也非靠模仿能得到，它是一心一意的新思維與新創意，加上全心全意的勇氣與執著才能造成，喜憨兒基金會努力的方向、奮鬥的途徑

與新典範的契合，我們正信心滿滿地昂首闊步，邁向二十一世紀，只要我們掌握住新典範形成的契機，迎接新典範的轉移，堂堂正正的步入新典範的範疇，其實未來就是現在，只要珍惜我們手邊的資源不斷努力，那麼未來還會是夢嗎？讓我們的美夢與未來齊飛。

最深沉的愛與痛，成就了使命與願景

是什麼樣的力量、什麼樣的角色在為喜憨兒基金會引導方向、規劃策略，讓基金會能夠「順著通往未來之路向前行，永續經營」？

喜憨兒基金會一路走來，雖然沒有一個特定的職位叫做「策略領航員」，但這個概念，或者說執行「策略領航」的這個功能，卻是我們組織能從無到有、從弱到強，最終走向永續的關鍵核心。這不是某一個人的光環，而是由一群有著共同使命、不願放棄的家長們，在我和淑珍的引領下，共同摸索、共同創造出來的道路。

一切，都要從那最個人的，卻也是最沉重的起點說起。當憨兒來到這個世界，對家長來說，是生命中突如其來的「無常」和「苦難」。我的女兒怡佳就是這樣的「小蝸牛」。她雖然帶來了煩惱，讓我滿頭白髮，甚至因為復健導致脊柱側彎經歷了三次手術，在睡夢中問出：「爸爸，是您把我生成這樣的嗎？」這樣錐心刺骨的問題，但恰恰是這份深刻的愛與痛，成為了「創立喜憨兒基金會的所有動力來源」。我發願，要一輩子貢獻給像怡佳一樣的孩子們。這份源自最深層個人體驗的「不甘心」，變成了「全力以赴的驅動力」。這就是最

原始的「策略領航」的能量來源——不是為了功名利祿，而是為了孩子的生存與尊嚴。

喜憨兒基金會的「喜憨大夢」——使命與願景，有一個重要的意義，就是「實踐組織的使命」。這個使命是「為憨兒開創生命的尊嚴與喜悅」，並「追求永恆的幸福」。「終生教育、終生照顧」的願景也是基金會所有行動的核心目標。

這些崇高的使命和願景，本身就是引導基金會所有「策略」和「管理」方向的最高原則。所有的努力，從自創資源、社會企業經營、顛覆性創新，到建立天鵝堡，都是為了實現這些目標。在這個意義上，使命和願景本身就是無形的「領航員」。

基金會經歷了像「六六事件」這樣的重大危機。在這些困難時刻，需要做出正確明快的決定，這端賴「智慧與經驗」。選擇「以退為進」的策略、將傷疤轉化為獎章，這都是在逆境中「領航」的能力展現。我將自己的心臟病比喻為「保羅身上的那一根刺」，提醒自己要謙卑、專業和柔軟，以「反敗為勝」。

「雁行理論」告訴我們，面對未來，不能像待人餵食的野鴨子那樣坐等資源。喜憨兒的家長們就像候鳥，肩負著一生一世的照顧及永不放棄的任務，要為了「繼絕存亡而奮鬥」。這本身就是一種為群體尋找生存和發展之路的行動。

身為核心的引領者，以崇高的使命和願景為方向，憑藉愛心、不甘心、智慧心作為驅動力，並運用策略、創新和對未來的預測能力，

帶領著整個團隊（如同雁行理論中的鳥群）克服困難，走向「為憨兒開創生命的尊嚴與喜悅」、「離苦得樂」的幸福彼岸。這個角色的功能和重要性，恰好呼應了「策略領航員」所代表的意義。

領頭的候鳥（可以視為「領航員」之一）需要承擔最大的阻力，但牠的犧牲是為了讓鳥群中其他鳥能夠「省力50%」，維持體力完成長途飛行。而且，領頭的候鳥累了會被替換，這也暗示著領導和引領並非固定由一人承擔，而是一種團隊合作和輪替的精神。雖然這主要描述的是團隊執行層面的協作，但也體現了為了共同目標（飛到避難所）而協調行動的「策略」執行模式。

我和淑珍就是最核心的「領航員」。從女兒怡佳身上得到創建基金會的所有動力來源，女兒是我們的煩惱，但也給了我們夢想，讓我們築夢、重造夢想──照顧所有需要幫助的喜憨兒。我和淑珍就是「喜憨兒長工」，承諾永遠做這群孩子的「車夫」，這個承諾一直都在兌現。

在策略執行上，我們領悟到：「愛心只能讓人尊重生命，唯有融入管理，才能改造生命。」因此，當我獲得「台灣企業獎」的「傑出管理獎」，這獎項肯定了「運用管理模式來完成使命、改造生命」，我們感謝經營團隊無私的奉獻與執行，稱他們是「改造生命的工程師」。我幽默地說，管理最嚴格的是我的太座蕭淑珍女士。這說明了「策略領航」不僅要有方向，還需要有嚴謹的管理來確保執行力。

策略前瞻，布局十數年

我們從2010年就啟動了所謂策略領航N部曲及四個效應。

2010年均化年，組織內導入平衡計分卡。最重要的就是推動「平衡計分卡（BSC）」。這代表我們開始強調組織要在財務、流程、顧客、學習成長這四個面向均衡發展，而不只看單一指標，是走向永續的關鍵一步

2011年修化年，五項修練「以改變自我為起點」，並將最終目標指向「共同願景」。雖然2011年未在列表上被明確標示為「修化年」，但那年尚禮街憨兒們透過朗誦詩句，表達他們是支持基金會的力量，是「風箏下的一陣風」。這份來自服務對象本身的聲音，深刻地詮釋了「共同願景」的重要性，也鼓舞著團隊持續精進。

2012年深化年，全體同仁都要夠卓越精進。是策略領航進入了「深化」階段，這個階段與「卓越精進」的精神相呼應。這一年最具體的體現，是為了實現「終生照顧」願景而興建的天鵝堡主體工程完工。它象徵著基金會將長遠規劃、深度落實，將對憨兒生命的愛與承諾，轉化為實質的照護建設，這就是策略上卓越的精進與實踐。

2013年優化年，大國崛起。2013年對喜憨兒基金會來說是個重要的「優化年」。這個階段屬於策略上的「深化」，核心在於精進現有的服務與管理模式。將「大國崛起」的概念應用於此，不僅象徵著基金會規模與社會影響力的提升，更代表了憨兒們透過工作，找回尊嚴

與喜悅，這本身就是一種生命的崛起。這一年，老憨兒終生照顧的天鵝堡落成啟用，更是優化策略與願景實踐的具體展現。

2014年強化年，風林火山精神，標誌著喜憨兒基金會「由無到有，由小到大，由大到強」的成長歷程。這一年強調力量與實踐，如同論文《喜憨兒的無形資產》所印證的，讓許多原本「不可能變成可能」，展現了組織在策略上的重要提升與發展。

2015年簡化年，流程改造。那年最重要的意義在於推動「化繁為簡，流程改造」。這代表我們體悟到必須減少不必要的複雜，才能更專心致志於「一心一意的孩子，全心全意的照顧」這份核心使命。正如「簡單的事只要努力的做，認真的做，結果會很不簡單」，簡化正是為了能更有效地實踐這份努力。

2016年策化年，神機妙算。意味著要從多面向思考，規劃永續發展的動態策略，確保組織持續精進創新

2017年齊化年，整齊劃一。這個階段的核心意義是追求「整齊劃一」，透過「標準化」和「模式化」的努力，例如「VI的統一」和「SOP的彙整」，讓組織內部的運作更加有秩序、更一致，這是在規模成長後，確保服務品質與管理效率的重要一步。

2018年雲化年，無遠弗屆。「無遠弗屆」對喜憨兒來說，就像是基金會影響力與愛的擴散。透過「策略領航」和不斷的創新，我們將憨兒的尊嚴與喜悅化為實際的服務與價值，如同「一燈點亮百千燈」，讓這份光芒觸及更遠，從最初的起點擴散到全台。

2019年緣化年，廣結善緣。意味著面對不可測的時代變革，我們必須不斷學習、持續精進創新來應對挑戰，這才能確保組織永續，並開創充滿希望的未來。其核心意義是推動「數位化、雲端化」，這是為了讓基金會的愛與服務能夠「無遠弗屆」。

這不只是一個科技的口號，而是透過實際行動，例如導入ERP、CRM等系統來優化流程與廣結善緣，發展憨兒健康平台、ichef 點餐系統等數位社會應用。這些努力讓我們得以超越地域的限制，將服務的觸角伸向更遠。可以說，「雲化」就是讓我們的影響力與愛能夠有效率地向外擴散，實現「無遠弗屆」的願景。

2020年適化年，與時俱進。「喜悅」在我們喜憨兒基金會中，代表的不是一時的快樂，而是一種策略領航旅程中，從內而出的法喜。這份喜悅源於團隊堅持「有規則、有秩序、有紀律」地實踐著基金會的使命與「一十百千」願景。它是在持續「精進創新」，將許多「微變革」累積成「大變革」的過程中，所體會到的深刻價值與肯定。

2021年激化年，叱吒風雲。這一年，我們正面臨COVID-19疫情的持續衝擊，挑戰巨大。但正是在這樣的逆境下，我們透過導入CRM系統等努力，不僅成功創造了中秋銷售破億的佳績，更榮獲了第16屆愛心獎的肯定。這份「叱吒風雲」的成績，是組織在困難中被「激化」，展現出強大韌性與應變能力的最佳證明，也體現了「再小，也要創造獨特價值；再老，也要持續精進創新」的精神。

2022年易化年，生生不息。這呼應了《易經》中「變易」的概

念，強調組織必須如同生命般，在時代變動中不斷「創新」並「與時俱進」。這代表著即使面對挑戰，基金會仍能持續發展，讓對憨兒的愛與服務綿延不絕，展現強韌的生命力。

2023年活化年，逆增上緣。意味著我們將所遭遇的逆境與挑戰，視為是促使組織向上提升、獲得更多助緣的契機。這深刻體現了「逆境中成長的花朵，是最美的花朵」的精神。這代表著喜憨兒基金會並非懼怕困難，而是在挑戰中尋求突破、連結「貴人們」的支持，藉由這些經歷使組織更加強韌，並將負面情境轉化為成長與永續的動力，如同藉由「逆」境來「增」加向「上」提升的機「緣」。

2024年進化年，合縱連橫。這個階段的「合縱連橫」，意味著在變革中必須透過策略結盟與資源整合，藉此擴大基金會的影響力。就像「一燈點亮百千燈」，讓愛與服務能夠無遠弗屆，這是組織面對挑戰、實現永續發展的重要途徑。

2025年轉化年，魚躍龍門。這一年對喜憨兒基金會來說，象徵著尋求突破與升級的關鍵時期。這不僅僅是一個比喻，它代表著組織必須具備「魚躍龍門」的條件。這些條件涵蓋了持續的「改造」與「創新」，這是在「策略領航」中不斷強調「持續精進創新」的體現。同時，也指向了基金會追求永續發展和擴大社會衝擊（社會影響力）的目標。這意味著我們體認到必須積極應對挑戰，通過變革與努力，才能像魚兒躍過龍門一樣，將對憨兒的愛與服務提升到一個新的境界，邁向充滿希望的未來。

策略領航16部曲

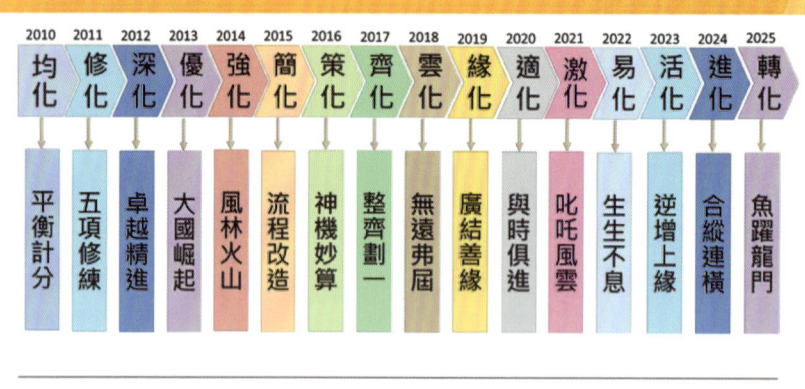

年份	階段	主題
2010	均化	平衡計分
2011	修化	五項修練
2012	深化	卓越精進
2013	優化	大國崛起
2014	強化	風林火山
2015	簡化	流程改造
2016	策化	神機妙算
2017	齊化	整齊劃一
2018	雲化	無遠弗屆
2019	緣化	廣結善緣
2020	適化	與時俱進
2021	激化	叱吒風雲
2022	易化	生生不息
2023	活化	逆增上緣
2024	進化	合縱連橫
2025	轉化	魚躍龍門

「策略領航」引導我們運用「平衡計分法（BSC）」進行管理，導入ERP、CRM等系統進行「流程改造」和「廣結善緣」，推動「雲化年」和「AI五大典範轉移」，在健康、人資、行銷、資訊、管理方面的應用，發展「數位社會應用」，如憨兒健康平台、ichef點餐系統等。這代表「策略領航」是與時俱進，不斷精進創新的過程。

我深深感受到「智慧生於煩惱，也用於煩惱」，以及「智慧心」是解決困難的利器。這份智慧對於規劃前進的「策略」至關重要。

基金會從無到有，從弱變強，靠的是「愛心」這個「指引迷津的羅盤」，「不甘心」作為「全力以赴的驅動力」，還有「智慧心」去「解決困難的利器」。這些就是引導基金會前進的核心「策略」原則和驅動力。

我曾提到，「卓越、創新與預測是開啟喜憨兒未來的三把鑰匙」。「正確的預測才能使組織順著通往未來之路向前行，永續經營」。這精準地概括了「策略領航」的核心要義。它要求領導者不僅要有遠見，更要能透過創新和預測來規劃路徑，帶領組織在這個多變的世界中穩步前行。另外四個效應就是：

「畢馬龍效應」：我們希望透過持續的關愛、支持和專業的管理，對憨兒進行「文化陶冶」，幫助他們發展技能、融入社會，並最終實現有尊嚴、有喜悅的生命狀態，將「不可能變成可能」，達成「美夢成真」。

「黑天鵝效應」：其實就是佛教中所說的六度，與「六度喜憨兒效應」中的「持戒」相關。其意義被闡述為「典範轉移，定規章，設制度」。這表示基金會透過挑戰傳統觀念、建立新的規範和體系，來應對不可預期的挑戰或實現重大的改變。

六度這個概念在基金會組織運作中是體現在多個層面的：

一、經營模式的典範轉移：不同於依賴捐款的「草食性NPO」，喜憨兒基金會開創了社企模式，成立烘焙屋，讓憨兒「自力更生，創造自我價值」，從「資源消耗者」轉變為「資源創造者」。這是一種重要的典範轉移，如「瘦鵝理論」所說，將問題歸結於管理而非照顧對象。

二、危機處理與制度建立：「六六事件」是一個突如其來的危機，基金會透過策略應對（如「以退為進」）並從中學習，

強化內部管理和制度，體現了「定規章，設制度」的過程。

三、突破困境的具體實現：「天鵝堡」的興建是應對「雙重老化」這一重大需求的體現。儘管遭遇「鄰避現象」的抗議，但透過努力化解並成功建立，為老憨兒提供終生照顧，這也是一種突破舊有框架、設立新典範（照顧模式）和新制度的展現。

「紅皇后效應」：是「六度喜憨兒效應」中的「精進」。這個效應的意義被明確闡述為「精益求精，突飛猛進」。與組織的「永續發展」策略緊密相關。這代表我們必須在不斷變化的環境中持續努力、不斷進步，才能維持甚至擴大其服務和影響力。這種概念不僅停留在理論，而是透過實際的營運和策略來體現。

我們發展出一套多元且有特定比例的收入模式，作為資源的策略性配置，例如設定營業收入占總收入的50%、政府補助占30%、募款占20%。這種平衡的資金來源是確保組織穩健運作的基礎，使其能夠持續投入於憨兒的照顧、訓練與發展，而非被單一來源的波動所限制。

「蝴蝶效應」：連結到「六度喜憨兒效應」中的「般若」。其核心意義為「改造生命，影響社會」。這代表我們的努力，如同蝴蝶翅膀的微小振動，能夠在廣泛的範圍內引發巨大的改變和影響。

在基金會實際操作中，我們觀察到，蝴蝶效應對內部同仁工作所帶來的深遠影響。

1. **憨兒生命的轉變與社會觀感的改變**：基金會透過提供工作和訓練，讓憨兒從過去可能被視為「社會邊緣人」，逐漸回歸「社會主流」。一個生動的例子是，一位媽媽過去因帶憨兒外出感到尷尬，但幾年後，一個幼稚園的小孩看到她的孩子，會對媽媽說：「媽媽，我知道了，喜憨兒就是那一群很會做麵包的孩子」。這種社會觀感的轉變，顯示了基金會的工作不僅改造了憨兒的生命，也正面地影響了社會對心智障礙者的認知。

2. **基金會營運模式的擴散與影響**：我們成功經營的社企模式，不僅造福了更多憨兒，其經驗和模式也被台灣多家NPO追隨，甚至香港的iBakery餐廳也引用了喜憨兒模式並生意興隆。這種影響力如同一盞燈點亮了百千盞燈，體現了其對公益領域的廣泛影響。

3. **小行動引發大迴響**：我們成立初期的募款故事中提到，在募款箱中先放一張鈔票，可以拋磚引玉，造成一股「蝴蝶效應」的熱潮。這個具體的口述故事說明了，即使是一個看似微不足道的起步或行動，也能在實際操作中，產生擴大和帶動的效應，進而匯聚資源，促成基金會的建立與發展。

其「般若」智慧的展現，透過持續的努力和創新模式，在個體生命層面實現「改造生命」，在社會層面擴大影響力，改變觀念、帶動同行、凝聚愛心，最終成就「影響社會」的巨大成果。

在我們這些家長們的心中，這群孩子是「永遠的孩子」，他們日後無依無靠，無處棲身。家長們肩負著憨兒一生一世的照顧，及永不

放棄的任務。一位大老的一句「這樣會分散資源，為什麼不和他會合併？」反而激發了我們「自創資源」的決心。這是一個重要的策略轉折點：從被動接受到主動創造。這需要極大的勇氣和遠見，就像候鳥遷徙宿命，而我們的「宿命」就是為孩子們尋找一條活下去、活得好的道路。

「策略領航」的路上，不可避免地會遇到「黑天鵝效應」般不可預測的危機，2005年的「六六事件」就是一次嚴峻的考驗。媒體的「無端爆料汙衊」讓基金會幾乎被鬥臭、鬥垮了。在排山倒海而來的壓力下，需要正確明快的決定。基金會擬定了「四大策略」，最終選擇了「以退為進」──關閉竹北店。這是一個痛苦但策略性的決定，展現了在危機中「主宰外物，而不被外物主宰」的智慧。事件之後，讓基金會更強、更大，也學到了謙卑、專業的執著，更要有柔軟的身段。正如《花木蘭》的父親所說：「逆境中盛開的花，才是世界上最美麗的花」。這種從逆境中學習、成長，甚至「反敗為勝」的能力，是「策略領航員」韌性的重要體現。

因此，「策略領航員」在喜憨兒的歷史中，是那份「愛」的指引，是「不甘心」的驅動，是「智慧心」的運用，是我們夫妻與憨兒家長們的無私奉獻，是經營團隊的執行力，是全體支持者的信任與力量。正是這些匯聚在一起，構成了這股「策略領航」的力量，帶領著喜憨兒基金會，在這條為憨兒尋找尊嚴與幸福的道路上，不斷開拓、永不停止。

如今，喜憨兒基金會已在全台灣擁有超過100個服務據點，涵蓋了庇護工場、冷凍食品工廠、烘焙屋、餐廳、社區家園、日間照顧中心、全日型照顧中心等多種模式。我們也成立了喜憨兒打擊樂團、喜憨兒劇團、喜憨兒童軍團等多元發展的平台，讓憨兒們的生命更加豐富多彩。「終生照顧」的理念，也隨著「天鵝堡」的興建而邁向新的里程碑，為老憨兒提供了一個溫馨安穩的家。

這30年，我們不僅累計照顧了63萬人次的憨兒，更建立了首創的公益連鎖系統，創造了嶄新的公益品牌。這每一個腳印，都記錄著我們的努力與堅持，也為喜憨兒基金會邁向更長遠、更永續的未來，奠定了堅實的基礎。

隨著資訊科技的飛速發展，我們也積極思考如何藉由資訊化創造更大的管理效益。導入雲端辦公室等現代化工具，不僅提升了工作效率，也為未來的發展奠定了良好的基礎。我們深信，唯有不斷創新、與時俱進，才能更好地回應憨兒不斷變化的需求，才能讓這份愛心事業長長久久地延續下去。未來，我們將繼續探索更多元的服務模式，例如科技輔助學習、高齡憨兒的健康醫療體系等，朝著更全面的終生照顧目標堅定前行。

來自社會各界的肯定

1995年 吳尊賢愛心獎

　　在生命的轉折點上，有些人選擇了堅持與愛。喜憨兒基金會創辦人蕭淑珍女士榮獲「吳尊賢愛心獎」，這是對她無私奉獻與堅定信念最溫暖的肯定。當女兒被診斷出腦性麻痺，她從一位母親的淚水與無助中，轉化為對心智障礙者的愛與責任，毅然決心為同樣處境的家庭開創一條希望之路。她與丈夫共同創立基金會，開設「喜憨兒烘焙屋」，讓憨兒們透過一雙雙揉麵的手，學會自立、獲得尊嚴，從社會邊緣走向舞台中央。這座小小烘焙屋，不只是工作場域，更是夢想的起點，讓憨兒不再只是被照顧者，而是社會的一分子。這座愛心獎，象徵著她用一顆母親的心，為弱勢開闢出自立的道路，也提醒社會，每個生命都值得被看見、被擁抱。

2003年 第一屆台灣企業獎

在企業化經營的浪潮中，非營利組織也展現了卓越的管理能力。喜憨兒基金會執行長蘇國禎先生榮獲「第一屆台灣企業獎」中的「傑出管理獎」，這是非營利組織以企業化經營模式登上企業界殿堂的創舉。主辦單位透過嚴謹評選，表揚具備卓越績效、創新精神、永續影響力的優秀企業與領導者。蘇國禎先生因撫育重度腦性麻痺女兒的親身經驗，深刻體認障礙家庭的辛酸，選擇用企業手法經營公益，結合市場與社會需求，建立烘焙、餐飲、庇護工場等多元庇護事業，讓憨兒從社會援助的接受者，蛻變為有能力回饋社會的工作者。他以企業家的遠見與父親的溫柔，為公益打造一條可持續的道路，這份榮譽不僅肯定他的管理能力，更象徵著公益與企業並行不悖的可能，也讓社會看見心智障礙者擁有被信任、被期待的價值。

2006年 第六屆國家公益獎

　　公益的力量來自於無數默默付出的人們。喜憨兒基金會長年陪伴心智障礙者追求自立生活，透過職業訓練與就業輔導，協助他們掌握一技之長，落實自信自立的理念。多年來，這種重視能力培養與尊嚴賦權的做法，不僅改善了弱勢族群的生活品質，也為社會注入更多包容與希望。在第六屆「國家公益獎」頒獎典禮中，喜憨兒基金會脫穎而出，榮獲此殊榮。總統接見時，特別讚揚得獎者「只求付出，不求回報」的精神，喜憨兒基金會的努力，正是這份願景的最佳實踐者。

2011年 國家永續發展獎

　　永續發展不僅是環境的議題，更關乎社會的包容與關懷。自創立以來，基金會深知心智障礙者的照顧與教育是一段漫長的旅程，致力於打造一個「終生教育、終生照顧」的支持系統。透過專業訓練與庇護職場，超過千名憨兒學會一技之長，走入社會工作；同時也積極面對高齡化挑戰，推展全日型照顧機構、整合醫療復健體系，讓憨兒不僅有工作，更有安心終老的家。基金會的努力深獲行政院國家永續發展委員會的高度肯定，榮獲「國家永續發展獎」，充分展現其在永續照顧與社會影響力上的深厚實力。這份榮耀，是對基金會將愛轉化為專業、將陪伴昇華為系統性支持的最佳讚譽。

2014年 第一屆國家智榮獎

在追尋愛與智慧的道路上，蘇國禎創辦人用一顆父親的心，寫下了不凡的生命故事。他榮獲「第一屆國家智榮獎」最高榮譽「典範獎」，這座獎肯定了他在「智慧傳承、榮耀再現、職涯再造」的卓越貢獻。從陪伴重度腦性麻痺女兒走過漫長的復健之路，到為心智障礙者打造完整的教育、就業、照顧體系，他用父愛與企業家的遠見，讓憨兒不再只是被同情的對象，而是能自立自強的社會一員。他推動社會企業，讓愛成為可持續的力量，也讓障礙家庭看見希望。這份榮耀，是對他用智慧翻轉困境的最高致敬，更是一個無聲的承諾：即使在最黑暗的時刻，也能以愛與專業，點亮生命的出口。

2016年 國家人才發展獎

「給釣竿而非魚」——這句話在喜憨兒基金會實踐了超過二十年，終於開出了燦爛的花朵。憑藉「憨兒狀元計畫」，基金會榮獲「國家人才發展獎」，這是全台人力資源界的最高榮譽。基金會突破傳統教育障礙，將職能培訓系統引入心智障礙者培力，不僅協助憨兒考取國家證照，更實現「因材施教」的理想。透過錄音考題、圖像輔助、職務再設計，憨兒即使在文字理解上有困難，也能挑戰專業認證。自計畫推動以來，已累積超過89張證照，許多憨兒從基層職務一路晉升，像是家昂從包裝員成為西點助手，還榮獲金鷹獎肯定。他們的努力與成就，讓這座獎成為對「專業賦能」信念的見證，也證明了，每個生命都有綻放光芒的可能。

2018年 第一屆台灣義行獎

　　在公益的長河中,有一雙溫柔而堅定的手,默默為心智障礙者撐起一片天。蕭淑珍董事長榮獲「第一屆台灣義行獎」,這座獎項表彰那些以實際行動溫暖社會的無名英雄。從一位母親到一位公益推手,她用生命去理解障礙家庭的無助與心酸,與丈夫攜手創辦喜憨兒基金會,不僅創立庇護工場、烘焙坊,更推動「去機構化」、回歸社區的理念,讓憨兒透過工作找回尊嚴、在社會中找到自己的位置。從第一家烘焙坊到「天鵝堡」全日型照顧機構,每一個據點都是她對憨兒不放手的承諾。這座獎項,是對她多年如一日奉獻的肯定,更是對每個努力前行、用愛改變命運的家庭,深深的一份祝福。

2021年 第16屆愛心獎

母親的愛，能有多深多遠？蕭淑珍董事長用一生做出了最動人的詮釋。她榮獲第16屆全球華人公益大獎——「愛心獎」，與證嚴法師、杜元坤院長等公益典範齊名。從照顧重度腦性麻痺女兒開始，她體會到障礙家庭的辛酸與無助，決心將這份愛化為行動。1995年，她創立喜憨兒基金會，以社會企業模式讓憨兒走出隔離、進入社區、學習專業、考取證照，從「被照顧」轉變為「能貢獻」的社會角色。她推動「送愛到部落」計畫，讓憨兒也能成為幫助他人的力量，用行動反轉悲情敘事，塑造自立自強的新形象。這座獎，不僅是對她無私奉獻的最高致敬，更是對每一位憨兒家庭的肯定：愛，真的可以改變命運。

喜憨**30**，笑容永續
一路溫柔堅持，走出嶄新未來

2024年 亞洲最具影響力人物

當愛成為行動，就有了改變世界的力量。蘇國禎創辦人獲選為Tatler Asia「亞洲最具影響力人物」，這份榮譽不僅肯定了他三十年來持續推動心智障礙者自立的努力，也讓國際看見台灣在公益上的創新與堅持。從一位父親的角色出發，他因女兒的重度腦性麻痺，體會到障礙家庭的挑戰與孤獨。他選擇「給魚不如給釣竿」，創立「喜憨兒烘焙坊」，讓憨兒透過工作找到自信與價值。他以企業經營思維推動社會企業，讓公益不只是愛心，而是能自我造血、永續發展的模式。如今，基金會據點遍布全台，陪伴憨兒從教育走向就業、從依賴走向自立。他用一顆父親的心、一雙企業家的手，織出支持憨兒與家庭的愛的網絡，讓世界看見愛的力量如何翻轉命運。

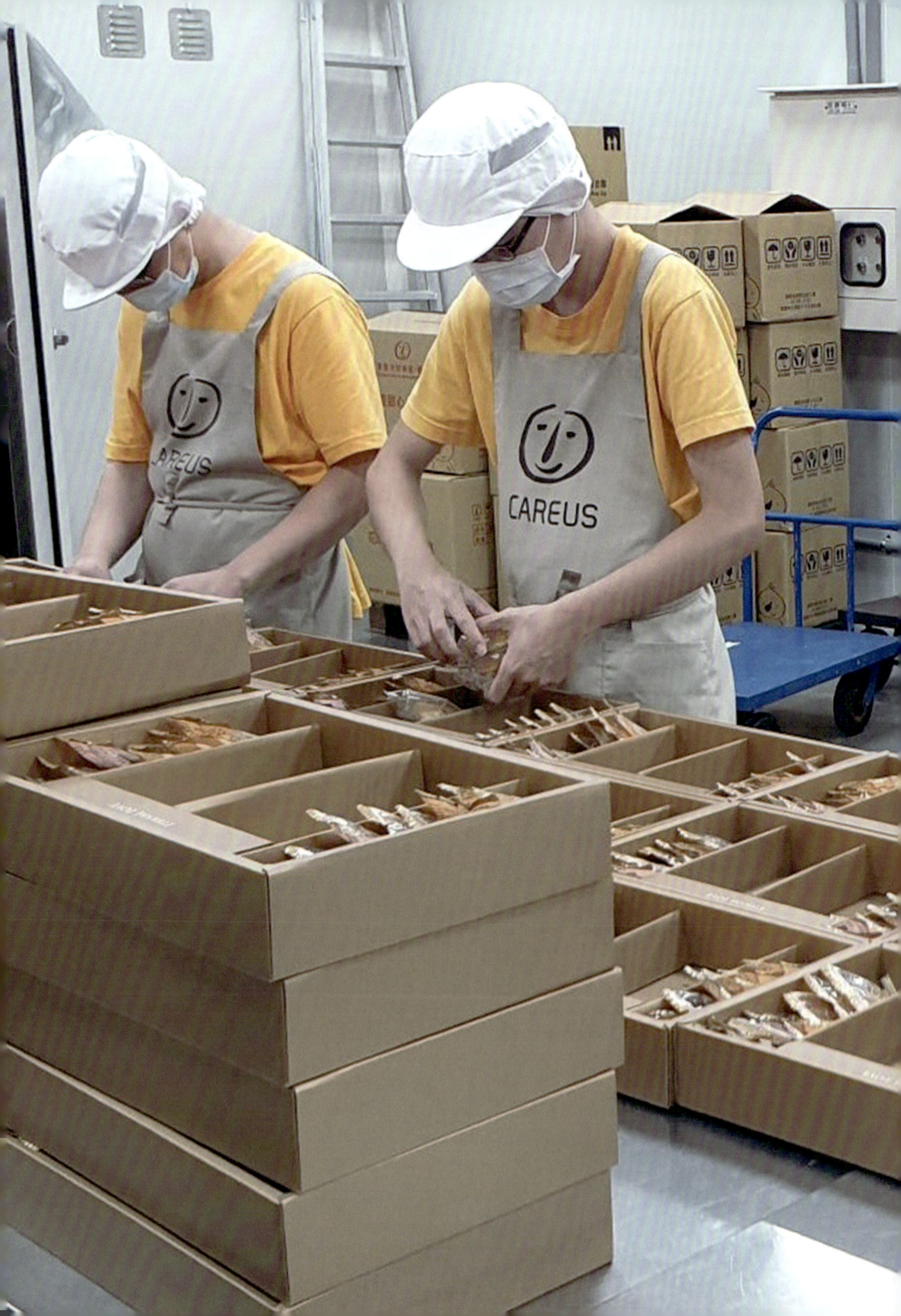
CAREUS
CAREUS

Part 2 喜憨兒的歷年足跡

1995年　永遠的孩子

　　他──舉步蹣跚
　　　　有如瓦礫中行走的　企鵝
　　他──語焉不詳
　　　　好像枝頭上初啼的　黃鶯
　　他──無憂無慮
　　　　彷如　沉睡中的夢仙

　　他──在人世舞台賣力的演出
　　瞧！　他純真的笑容　有如快樂天使
　　瞧！　他善良的天性　有如出水芙蓉

　　他──在人世舞台賣力的演出
　　瞧！　他扭曲齜脲的表情
　　　　流星也會感動得為他落淚

　　因緣聚會　他們就在你我身邊　一群可愛的憨兒

　　不能期待他　成龍成鳳　但求　激發他的潛能
　　　　尋求　就業市場　給予　工作機會
　　重拾起　人性的尊嚴

不曾期盼闊居華屋　但求維護他的生存權益
　　設置　希望家園　擁有生命的避難所

朋友　為善不必捨近求遠

就讓您的愛與關懷　擁抱這一群

永遠的孩子

親愛的寶貝

1997年　成長的喜悅

　　有人說：「面對一個智障的孩子，是一場悲劇；但是當你面對一群這樣的孩子，便是一項使命、一番事業。」

　　四年前的歲月裡，帶著怡佳走訪不少名醫，請教不少專家，像隻無頭蒼蠅，東奔西跑，茫然、惶恐、無助不知該向誰傾訴；辛酸、拖磨、失望有誰能指點撫慰？真的是一場悲劇！直到智障者福利促進會的成立，有特教專家的指導，有各種功能的社工員協助，結合了各個家長的經驗，互訴苦楚、相互提攜，如今為著一群受著苦難，有著相同命運的憨兒，不分彼此，群策群力，無怨無悔地匯集著力量，也確實成就了一番事業，定位了我們的使命。你看！快樂的心愛清潔隊，公設民營的智障兒童玩具圖書館，遍布各處超市、工廠的支持性就業，產品獨特的庇護工場，溫馨的喜憨兒文教基金會，與即將成為孩子們日後避難所的大順家社區家園福利商店，以前的夢想，如今都一一呈現在我們的眼前。當我們融合在這一個大家庭裡，芬芳隨時可聞到，歡笑信手可拈，喜悅也俯首可拾：

　　在心愛清潔隊裡，看到一群純真帶著歡笑的憨兒們，風雨無阻地準時上工，那是生命尊嚴與人生價值，重新被肯定的喜悅；在兒童玩具圖書館裡，看到一個個興高采烈的孩子們陶醉在夢境般的玩具王國裡，讓引人入勝的玩具陶冶撫平著顆顆受創的小心靈，那是寓教於樂，潛移默化激發手腦潛能的喜悅；在庇護工場裡，一雙雙笨拙的手，裝配成一個個令人驕傲不已的高科技產品，孩子們的眼眸也一天

天明亮起來，一天天更有神采，那是天生我才必有用的明證，也是精誠所至，金石為開的喜悅；在速食店、超市、工廠裡，支持性就業散播了愛心的種子，孩子們認真不懈地工作、打點貨品、整理環境、替顧客打包、向客人微笑打招呼，那是回歸主流與社會人群融合的喜悅。

1994年的一個下午，在走馬瀨的大草原上，當一百多隻風箏，象徵著憨兒們的希望，冉冉地由地平線上升起，那種宏偉壯觀的氣度，蓋過山河，蓋過悲情，那是每一條生命與大自然不可分割與生俱存的喜悅。

1995年9月當財團法人喜憨兒文教基金會成立大會後，千餘名家長、憨兒、志工與社會關心人士凝聚在一起，浩浩蕩蕩的由文化中心遊行至大統百貨公司，智障家庭一掃昔日的陰霾，不再躲在社會的陰暗角落暗自神傷，並注入社會的包容與關懷，那是展現自信、勇敢與關懷的喜悅。

啟智學校高職教育的推動與爭取，使憨兒們在受完義務教育後踏入競爭性社會之際，能獲得更深一層的職業訓練，培育更好的生活技能，開拓更寬廣的社會空間，不再是一受完國中教育即失業賦閒在家，再度喪失累積的教育資源，那是因才施教、春風化雨、提升技能、永不放棄的喜悅。

三年多來，我們由空無一物，經多位志同道合的夥伴胼手胝足篳路藍縷的開創了智障者福利促進會，接下來又是一番日以繼夜的披荊

斬棘，始能蓬勃茁壯，再孕育出財團法人喜憨兒文教基金會，目前擁有近20位的社工人員分頭拓展各項智障者福利業務，奠定了組織與事業的基石，一件件創新的成果，我們也分享給友會，在開會檢討著何以促進會能在這麼短的時間展現出這麼多傲人的成效？前來觀摩的友會團體正分享著我們組織成長的喜悅。沒有諸位孜孜不倦犧牲奉獻的董（理）監事們高瞻遠矚地開疆闢土；沒有每一位群策群力無怨無悔的家長匯集力量；沒有各位努力不懈充滿愛心與關懷的專家、社工及志工們的牽引與指導，就沒有智障者福利促進會與喜憨兒文教基金會的誕生，也不會有一連串伴隨著我們成長的喜悅。我們正在時間的座標上不斷的為著憨兒們刻劃著喜悅的痕跡，一個人的力量是微薄、渺小與無助的，但是當匯集了一大群人的力量時，便會像浪濤般地洶湧澎湃，規劃的事情就會水到渠成，昔日的美夢也會成真。看著鬢角的白髮與日俱增，時間對我們是一股無情的壓力，請莫躊躇，我們需要更多的力量來刻劃、塑造憨兒們的未來，讓憨兒們時時刻刻享受著成長的喜悅。

1998 年　群策群力，愚公移山

　　政大科研所所長吳思華教授在他的大作《策略九說》中提到，組織策略的三個構面分別是：一、營運範疇，二、事業網路，三、核心資源。在營運範疇中，喜憨兒文教基金會有非常明確的使命與清晰的願景，分別界定出組織存在的理由及組織發展的方向；在事業網路上，營利機構的主要人際關係是股東、員工及顧客，然而在非營利機構的網路關係就更為複雜微妙，除董事、員工、顧客之外，尚有社區民眾、政府機關、受惠者、義工、捐助人士和擁護群，需要去面對與連，這些複雜的網絡時時刻刻要保持著密切的聯絡與暢通，才能發揮組織最佳的功能；至於在核心資源上，是我們要討論的重點，大家都知道資源可分為有形的資源（如：土地、設備等）及無形的資源（如：品牌、執照、商譽、個人能力及組織能力等）。我們基金會沒有什麼傲人的有形資源，但是經過這三年來的努力，「喜憨兒」這個名詞已經漸漸耳熟能詳、家喻戶曉了，而且大眾們已逐漸把「喜憨兒」替代了原先的「智障者」或是「心智障礙者」，「喜憨兒」聽起來有種親切感又很討喜，「憨」字在中國的傳統上有相當親近的感覺，小時候常聽到長輩疼惜的喊著「憨孫」、「憨囝仔」，聽起來就有一種甜蜜感、親暱感。因此，「喜憨兒」這一群永遠的孩子真正是我們的核心資源，而「喜憨兒」這個名字也是我們引以為傲且響亮的品牌。此外人才是組織最重要的資源之一，對於運作喜憨兒文教基金會的所有人員，上從董事會、下至義工朋友們，都值得我們好好的來定位及培育與開發，使得人盡其才、群策群力，發揮團隊的綜效，這

應該是組織發展的第一要務。

董事會：喜憨兒的舵手

董事會是組織決定營運方針的最高決策單位，也負責評鑑組織的整體績效表現，遇有危機時，每位董事更需要幫著穩定住整個局面，同時也是非營利機構中最重要的募款體系。當組織訂定出明確的使命與願景，董事會就像船上的舵手一樣，掌握住正確的方向，帶領一船人安全地避過暗流礁岩、狂風暴雨，即使在驚濤駭浪中，仍能正確地引導整個團隊朝向目的地邁進。

在競爭的環境中，家長、工作人員、義工朋友就像一個奮力不懈的團隊，在競爭的梯子上一階又一階的努力向上爬，而董事會就是要負責把這個梯子放在正確的位子上，不要偏離了目標，否則一群人的努力就白費了。

作為掌舵者，把握方向、整理隊伍及鼓勵士氣這三個條件是絕對必要的，因此董事會既是管理者，決定重要事件的處理、解決爭議性大的問題及管理整個組織；董事會也是贊助者，本身既需捐款，又要四處奔波募款；董事會更是親善大使，隨時隨地要宣導說明組織的使命與理念，爭取社會大眾更多更廣的認同與支持，壓力來臨時還要挺身而出為組織申辯解圍，代表組織出現在擁護群和社區群眾的面前；此外董事會本身也是組織的一個擁護群，每個董事都具備各種專業技能，為組織集思廣義，共同解決難題。所以董事們的角色，實際上是集合了贊助者、管理者、顧問及親善大使於一身，責任重大，一言一

行對整個組織的影響相當深遠。管理大師彼得‧杜拉克說過，在非營利機構的會議室門檻上，應該以大字刻著一句警語：「董事會的董事不代表權勢，而是代表著使命感，而是代表責任。」組織的每一分子也必須體認到，擁有一個優秀能幹的董事會是組織整體不可或缺的。

工作人員：偉大的實行家

大家都知道「人才是組織最大的資產」，然而，什麼是人才？我們認為：能透過終身學習，不斷吸取新知識並與工作相結合，能為組織創造效益，產生貢獻的人，就是人才。傳統組織三個要素：一、土地，二、勞力，三、資金，現在已不再是第一順位了，而當代的社會中，「知識」才是個人與組織最重要的資源，只要具備有專業知識，傳統的三個要素都能獲得，而且在使用上，三要素每用一次就少一點，終會耗竭用盡，只有「知識」的應用，可以歷久彌新、永不缺乏。大家可以清楚地看到，像麥當勞連鎖店，一套技術（knowhow），可以成立千家萬家分店，而每成立一家都要用掉些人力、資金與土地，這個例子讓我們了解到知識的重要性。

工作人員的能力開發與整個組織的使命，其實是密不可分的，其中還包括著對這個組織的信賴與認同感，同時深信組織對社會、對群眾所做出的努力與貢獻。當工作人員深深體認到組織的使命與未來的願景，有了目標、熱誠及行動力後，潛力即可源源不絕地開發出來。

武訓興學是個很好的例子，也很讓我們欽佩與感動。武訓是個乞丐，沒錢沒勢，怎麼能蓋得起學校，教育子弟作育英才，造福鄉梓

呢？除了武訓的毅力與執著，使得鐵杵磨成繡花針之外，更重要的是有一群肯定、認同武訓理念的老師們，在微薄待遇的逆境中支持他，與他同甘共苦，共同奮鬥打拚，才能編織出這段膾炙人口的佳話流傳千苦。

員工的素質與表現，可以決定一個組織的績效與管理，在非營利組織一向都甚感無力，但當壯大到一定的程度，管理是不可或缺的。非營利組織不是靠「利潤動機」的驅使，而是靠「使命」的牽引。以此為出發點，優秀的主管必定會試圖激勵人員，使他們設法超越自己，並且把開發的任務結合員工的優點，員工有了一致的目標，才能同心協力貫徹組織的使命。

喜憨兒烘焙屋推出後，我們認為對於憨兒的教育技能養成，凌駕過利潤的獲得。因此，除了傳統的麵包師傅外，還需聘請有社工經驗的老師來啟迪、教育、引導憨兒的職業技能。所以，我們的員工要比私人企業的員工功能更多，更要有不同的專業才能。我們會採行一套雙能的職能體系，就像軍隊中，步兵單位除了正規步兵外，還需有政戰人員的相輔相成；在每一個烘焙屋工作站裡，除了正規的專業人員外，必須有社工人員輔導牽教憨兒，激發憨兒的潛能，使其不斷成長茁壯，這才是我們的目標。

義工：一群化小愛為大愛的夥伴

愛有小愛與大愛之分，小愛是把愛心與關懷安置在自我的周圍，凡事的考量都以自己為出發點；大愛則能摒棄私心，撤除人與人間種

種有形與無形的藩籬障礙，化冷漠為關懷，化小我為大我，化出世為入世，是為佛慈悲——與眾生樂，拔眾生苦；是為基督教中的博愛——泛愛眾，而親民；是為禮運大同篇中的不獨親其親，不獨子其子。

在美國有半數以上的成年男女，每週會花費三小時以上的時間，志願性的為非營利組織工作，不拿薪水，所以義工常被定位成「幫手」，協助公益團體打理一些較不重要的事情。如果義工朋友能夠透過良好的課程指引，並對組織有進一步的認同與肯定，應該重新定位為「不支薪員工」，甚至可以安置在督領階層，同時也負責實際管理會務的工作。如此一來，義工將是未來一個取之不盡，用之不竭的人力資源與人才庫。尤其近來由於醫療保健的改善，銀髮族的人口比例提高頗多，更可以好好借重其豐富的人生閱歷與處世經驗，來協助推展工作，而且長者與憨兒的搭配，更是結合了世界上至善與純真的最高理想，必能諄諄地點化人心、引人向善。另外，最近實施的週休二日制度，讓一般的上班族工作時間縮短，因而更有餘裕從事社區及公益性的志願工作，這也是值得積極吸收與爭取的一群生力軍。

由於公益團體仰賴大量義工們的熱誠與奉獻，如何領導這一群熱心有餘，自由度較高的人員來投入公益活動？領導的關鍵不在領袖的個人魅力，而是組織使命的召喚。優秀的公益組織主管必須同時和正式員工與義工並肩工作，提供教育成長與支援協助，如此工作人員才會明瞭自己的貢獻何在？並藉著共同討論工作計畫時，得以調整目標與時間表，在任務完成後才能使參與的工作人員有成就感、收穫感和

為人服務的充實感。

除此之外，組織內應該經常反省，我們的義工有沒有時時不斷地成長？有沒有持續在擴大使命的視野？有沒有學到更好的技能？有沒有循循善誘地讓義工創造出一股求新求變、生生不息的力量？並需要小心翼翼地保持工作人員的熱情活力，繼續讓潛能燃燒與發光。

愚公移山，有志竟成

三年前當財團法人喜憨兒文教基金會初成立時，我們在公益事業的舞台上沒沒無聞，我們不是主角，連配角都不是。經過這三年來從義工、家長、工作同仁、董理監事大家群策群力，努力的成果已廣泛地被接受與認同，我們人性化的使命與小而美的理念，也快速地被政府、社會、社區與民眾肯定包容。在憨兒的就業上，我們融合了支持性與競爭性就業的優點，在非營利組織中注入營利機構的管理模式，開創了一條嶄新的路，建立了非營利組織自力更生的典範，喜憨兒烘焙屋成功的經驗也分享給所有的公益團體，帶給他們走出自己成功第一步的信心與驕傲。

1997年4月當美國花旗集團花旗基金會總裁（Mr. Paul Ostergard）來喜憨兒烘焙屋訪談時，在簡報中他問了一個很嚴肅的問題：如果喜憨兒烘焙屋以後經營很順利，在「獲利」與「公益」上該如何取捨？我們當時的答案也很明確，喜憨兒是非營利性機構，若有盈餘，我們必須全部投入公益活動，為喜憨兒開創更多的工作機會。至今我仍深信那個問題是Mr. Ostergard總裁在試探我們對「公益」的看法，也因

為我們一直秉持著不斷增進憨兒福祉的信念，這個答案使花旗銀行也肯定了喜憨兒文教基金會的使命與理念，花旗銀行才會傾其公司的力量來支持喜憨兒的成長。

當今在我們急功好利的社會裡最欠缺的是愚人與愚力，所謂愚人就是不計較錢財、名分、地位，熱心公眾事務的人，所謂愚力就是肯於付出，默默為社會犧牲奉獻所花費的心力。在十月廿四日的義工教育課程中，我提到義工就是「愚公」，身為憨兒的家屬，理所當然我也是愚公，古代愚公移山的寓言，告訴我們有志者事竟成的故事，其實愚公移山的成功，除了靠意志力（即使命感）之外，還要靠行動，靠力行去實踐，才能達成我們的理想與目標。在非營利事業的組織中，從義工到董事長，我們都是愚公，我們雖然不是在移山，卻是要帶領著一群「喜憨兒」去成家──創設社區家園，使其尋找到立足點；去立業──創立庇護商店，使其拾回人性的尊嚴。如今我們的愚力似乎已感動了社會群眾，我們的愚行得到了肯定與迴響，我們也逐漸在公益的舞台上嶄露頭角，相信在喜憨兒文教基金會中，只要從上到下，群策群力，我們努力的表現將會是一顆耀眼的明日之星，我們也期盼著夥伴們秉持著「今日喜憨兒以我為榮，明日我以喜憨兒為榮」的精神，共同奮鬥。

1999年　企鵝與候鳥

企鵝

　　企鵝是一種不能飛翔的鳥類，在陸上行走步態笨拙可笑，但是企鵝的游泳速度卻是相當迅速，以鰭作為推進器，時速可達到一百公里，在海中，連魚類的游速都很少能超越企鵝。

　　在會訊第六期筆者的新詩作品〈永遠的孩子〉中，曾提到我們的憨兒：「他，舉步蹣跚有如瓦礫中行走的企鵝」。是的，企鵝在陸上的環境中，舉步維艱，處處受到限制，有如龍游淺灘，實在是相當狼狽。但是，當牠換了一個環境，在大海中巡游時，牠卻能以相當於汽車般的高速游泳，海中生物難有出其左右者。

　　憨兒們因故造成腦傷弱智，在現有的環境中，處處有障礙，時時受限制，很難得到良好的發展，就像企鵝在陸上一樣陷入了困境，施展不開。然而，「天生我才必有用」，只要激發出他們潛能，因才施教，給予一個新的環境，不也正像企鵝回到水中一樣，能充分的發揮所長，悠然自在。

　　你瞧，我們智障者福利促進會與喜憨兒文教基金會在這短短的四年之內，提出了多麼亮麗的成績單！憨兒們在專家、老師及家長的指導與協助下，組成了心愛清潔隊，有13名孩子風雨無阻的為社會大眾做清潔、環保改善的服務；在庇護工場中的電腦散熱風扇生產線，也有25位孩子辛勤的組裝高科技成品，支持性就業的作業空間更散布在

各超商、電子工廠、速食店、百貨公司，更有多達80餘位的孩子每天為社會大眾提供服務；在3月2日開幕的喜憨兒烘焙屋，更是與社區結合，在專家的指導下，10名憨兒們每天提供精緻的西點、新鮮可口的麵包服務社區，社區民眾也能給予最好的肯定、包容關懷與照顧，達到水乳交融的互動關係，以關懷彌補缺陷。這正是喜憨兒文教基金會的重要使命（註：喜憨兒的英文命名為Children Are Us，取Children，因為憨兒們正是「永遠的孩子」，而Children之字首C與are us的發音，近似中文喜憨兒的讀音，其合成字正是Care us——關懷、疼惜憨兒。）

只要孩子的父母深情，永不放棄；老師專家們因才施教、開發潛能；社會人士給予關懷疼惜、包容和愛護；政府惠予支持與資源，我們努力的目標不是給憨兒們魚吃，而會是給憨兒們釣竿，訓練他們自立釣魚，相信憨兒們有一片藍天，不再是舉步蹣跚的企鵝，不再是社會的「棄兒」，而是充分發揮潛能，像在大海中快速悠游的企鵝，那麼地快樂而幸福。

候鳥

候鳥隨著氣候的變化，每年冬季由寒冷的西伯利亞飛越寒帶、溫帶甚至亞熱帶，到達遙遠溫暖的南方棲息，到了春神來臨萬物復甦之後，再度千里迢迢的由南到北回到原來北方的故鄉。這是牠們的命運，也是為繼絕存亡求生存的唯一使命。

候鳥是一種合群的鳥類，每次飛行一定是整個群體出航，在這麼

長程的飛行途中，如果有一隻落單，牠是很難到達目的地的。

智障者家長團體像極了一群候鳥，家長們要肩負著永遠的孩子一生一世照顧的責任，直到我們病死老死，一分一刻都不能放棄、不能止息。我們的團隊扛起來的是一輩子又一輩子的使命！所經過的漫漫長路，又何止是百里千里！如果我們單獨在為憨兒努力奮鬥時是多麼地孤單與無助，我們只有團結起來，群策群力，才能達成我們沉重的使命。

候鳥的飛行以「Ｖ」字形在飛翔，可是為什麼是V字型？為什麼不像一群鴿子，各自展現自我的飛行美姿，而亂成一團呢？因為候鳥要飛行數千里遠才達到目的地，時間與體力對候鳥是最無情的挑戰，趕不上在第一波寒流降臨大地之前飛離，或是飛行途中，體力不濟而落單都是必死無疑的。而鴿子群在空中飛個幾圈便可落腳休息，所以鴿子雖然是群體的鳥類，但是牠們並不須肩負著長遠的使命。

依據科學家的研究分析，候鳥以V字形的飛行方式，是一種效率極高的團隊飛行模式，除了領頭的候鳥為了需要負擔全部氣流的摩擦阻力而要全力以赴外，之後的每隻候鳥由於流體力學的助力，只要付出約一半的力量即可達成，也就是在長途的飛行途中，為首的候鳥犧牲自我，卯足全力飛行，為的是讓鳥群中每隻鳥能省力50%，以保留體力，使候鳥群耐得住長途飛行的體力耗損，能鍥而不捨的飛行，在寒冬降臨之前飛到新的避難所。這樣我們就可了解到，為首的候鳥所做的付出與奉獻之大真是無以倫比！就像一艘破冰船在冰洋中航行，所有的力量都集中在船首尖端的那一點。當為首的候鳥累了、體力差

了，就輪到後面的來帶領與支持，輪流休息使整個團隊繼續飛行，達成使命。

喜憨兒文教基金會與智障者福利促進會的每位成員都是生命共同體，也是命運共同體。有了憨兒，讓我們緊緊地結合在一起，牢扣於一環。親子之愛也永不放棄，無可替代，我們唯一的使命就是讓我們永遠的孩子獲得充分的照顧，過得有尊嚴、過得快樂。使我們能安心的闔眼，時間與體力是我們很現實且很無情的壓力。

1997年2月15日阿里山賓館的智障家長成長研習會上，黃金源教授在充實精彩的演講中提到：「愛你的孩子是人，愛別人的孩子是神」。雖然我們不認為我們愛別人的孩子是神，但是在我們的團體裡，看到這一群天真無邪的折翼天使，即使是一般人都會起惻隱之心，自然而然的關懷他、疼惜他，更何況是每位上帝認為最有愛心的父母們。因此，我們無論在智障者福利促進會也好，喜憨兒文教基金會也好，各位家長會員都不該是旁觀者，孩子的命運掌握在你我的手上。要醫治憨兒的病情，最好的醫生就是孩子的雙親。我們要的是各位家長全心全力的參與與支持，當有一天需要您去當候鳥的領頭者時，您可以拍拍胸膛大聲的說：Trust me, I can make it!

2000年　體驗失落的純真

國王的新衣

　　這是一個膾炙人口，大家耳熟能詳的童話故事。貪婪的裁縫匠利用人都會犯錯的弱點，欺騙了國王的錢財，聲稱他精心縫製的寶衣，只有沒犯過錯的人才看得到，尊貴的國王當然是不能有汙點的（有沒犯過錯，國王自己當然明白），當國王穿著寶衣遊街時，看到三歲的小孩指著光著身子的國王哈哈大笑時，國王才恍然大悟被騙了！這個故事告訴我們，只有天真無邪的孩子，才具有純真無邪的天性，在《三字經》裡也提到「人之初，性本善。」為什麼人長大之後就會失去純真呢？是因為社會是個大染缸，人在成長過程，不免受到耳濡目染而變質嗎？或是我們教育方法錯誤，讓我們的青少年無法保持純真的本質而吸收了欺騙、說謊、犯錯的劣根性？或是因為人性使然，人們為了追求至善與完美，竟然把永恆的純真給遺忘了？

正常與不正常

　　有一位心理系的教授與他的學生討論起正常人與不正常人的行為，大家七嘴八舌發表意見，最後把正常人定義為：想的、說的、做的都一致的人；反之，不正常的人就是：想的、說的、做的都不一致的人。於是，教授就問說：「正常的人請舉手。」課堂上一片肅靜，大家互相觀望，竟然沒有一個人舉得了手。為什麼會有這種結果呢？大家都自認是理所當然的正常人，正常人的定義也很貼切、很正確，

到底問題出在哪裡？使得大家的認知與實際情況差異那麼大呢？大家都不是正常人，那麼真正達到想的、說的、做的都一致的人，又是誰呢？我看非我們的喜憨兒莫屬了！我們永遠的孩子，就是這樣一絲不苟、毫無心機、天真無邪，所以真正能做到想的、說的、做的都一致的，就只有喜憨兒了。

美國的兒童教育學家曾做過這樣的分析；0～5歲的兒童，最常說的是「What？是什麼？」5～12歲的孩子，最常說的是「Why？為什麼？」而12歲以上的孩子最常說的卻是「because，因為。」從上面的分析，我們可以整理出一些端倪，12歲以下的兒童以問話的方式作為談話基礎，來提升知識；而12歲以上的孩子則以Because（因為）來回話，這其中就有很多藉口及虛偽產生，如此純真就不再存在了。

體驗純真

經濟的演進由農業時代、工業時代、服務時代，演進到悄悄來臨的體驗經濟（Experience Economy）時代，拿生日蛋糕為例子：小孩子過生日，在農業時代，媽媽會從自家的農場拿了雞蛋、牛奶及麵粉等材料，自己做蛋糕，根本不用花錢。到了工業時代，媽媽會到商店裡花幾十塊錢，買混合好的蛋糕粉回家，自己烘焙。進到服務時代，媽媽是向西點麵包店訂購做好的蛋糕，花費幾百元。而到當今的體驗經濟時代，媽媽不再愁著蛋糕的事，而是花幾千元，將生日活動外包給專業公司，替孩子辦一個值得終生回憶的生日派對。這種畢生難忘的感覺與經驗，就是「體驗」的精髓。

「體驗」是什麼？實際上「體驗」是一個組織以商品為道具、以服務為舞台，而消費者是台上的主角，體驗值得消費者回憶的情境，這其中，商品是具體的，服務是無形的，而設計創造出來的全新體驗必定是與眾不同，令人畢生難忘的。而體驗行銷的五項要素如下：

- 感官（Sense）：創造感官衝擊，打動消費者，提高產品的附加價值。
- 感覺（Feel）：觸動消費者內在的情感和情緒，達到認同與融入。
- 思考（Think）：利用創意，引發消費者思考，涉入參與並形成新典範。
- 行動（Act）：訴諸身體的行動經驗與生活型態連結。
- 關聯（Relate）：透過社群觀點，宣示、號召，對潛在的社群成員產生共識與認同。

喜憨兒文教基金會最成功的一次體驗行銷，是在1997年4月14日，當花旗集團的花旗基金會總裁Mr. Paul Ostergard來高雄訪問我們剛成立不久的大順店，他在簡報時吃了美味可口的蘭格夏，觸動了他「感官」的嗅覺與味覺，當他到烘焙屋參觀，漂亮的店面與令人垂涎欲滴的麵包，也觸動他的視覺，他曾說：這個店和紐約的麵包店一樣的完善與亮麗。當他到了烘焙工廠參觀時，他看到腦性麻痺的憨兒正一心一意地用顫抖的雙手，在製作他剛吃過的蘭格夏時，憨兒的認真與純真再次觸動Paul的「感覺」。再來，喜憨兒烘焙屋的社區化理念又讓Paul的「思考」產生共鳴——銀行的社區化與喜憨兒烘焙屋社區

化的連結，他的這些親身「行動」與上述五大要素緊緊相結合，創造了一次非常成功的完全體驗，喜憨兒純真的體驗與震撼。後來，花旗銀行全力的贊助，發行花旗喜憨兒認同卡，又是一項號召、宣示社群識別與認同的「關聯」。

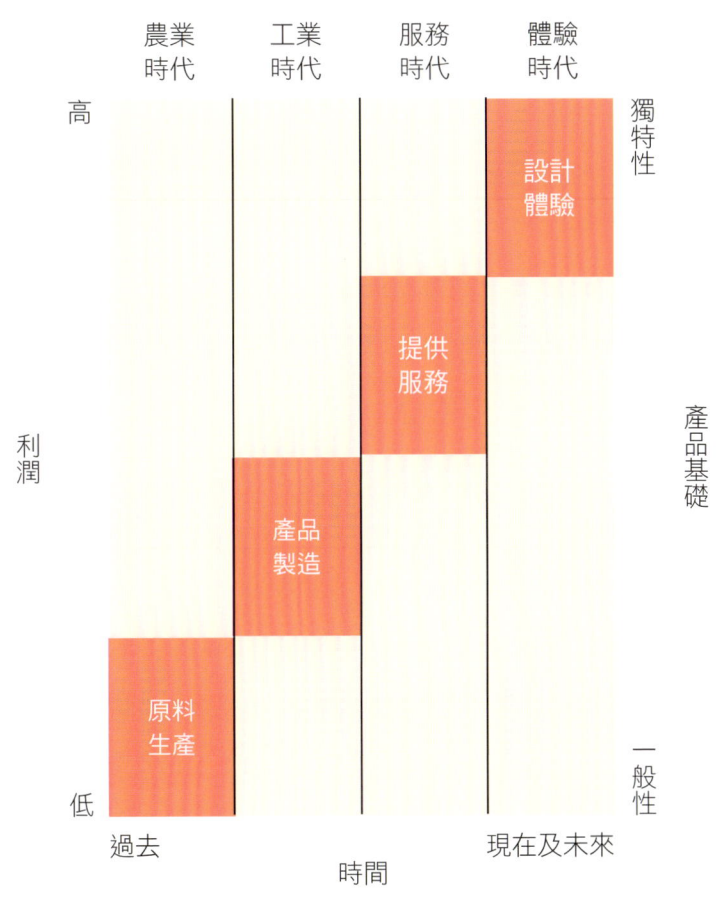

圖一：經濟演進階段

返璞歸真

最近在網路的電子郵件上看到流傳的一篇文章〈人間小天使〉，寫的內容是這位同學到高雄喜憨兒餐廳中山店用餐，體驗到喜憨兒認真與純真服務的情境，在郵件的最後一段描述，深深觸動我的心弦，他是這樣寫著：

餐廳裡可能只有麵包、點心及湯，稱得上好吃，
可是我喜歡的是這裡的氣氛，
那種……與世無爭、沒有心機的感覺，
只有在他們的臉上，還那麼流傳著，……
也唯有在他們臉上……
我才能找回絕跡已久的純真：那份也曾經在你我臉上都存在過的感情。

由於造化的捉弄，使我們的憨兒變成永遠的孩子，不管他們的生理年齡多大，他們的心智年齡卻永遠停留在7、8歲，甚至更低。也因為是永遠的孩子，純真竟永遠保存在我們這一群只占2%人口比例的稀罕寶貝上，這也十分符合上面提到的美國兒童教育學家的分析。老天爺在讓「正常人」失落純真的同時，卻把世上最珍貴的純真，保存在我們永遠的孩子身上，也真應驗了《聖經》上所說的：「上帝在關閉一扇門的同時，也會為我們開啟另一扇窗。」以後，世人要體驗真正的純真，就只有到喜憨兒的體驗餐廳來了。

2001年　適應社會，曖曖內含光

競爭的本質

在喜憨兒會訊第八期中筆者曾提到：卓越、創新和預測是開啟未來之門的三把鑰匙。預測與創新都已經陸續在會訊中提及，而作為三鑰之母的「卓越」，正是組織能在未來生存的必要條件，也是組織永續經營的基石。物競天擇，適者生存，是演進過程的自然定律，萬物皆無法逃避此一法則。公益團體雖屬弱勢族群，經常需接受外界的援助，但公益團體在爭取社會有限資源的過程，絕對是一場零和遊戲的賽局，因此，無法自外於競爭的宿命。

有一個現實而殘酷的故事這麼說：

有兩位社團負責人一同去爬山，當他們在樹林裡休息時突然聽到一陣低吼聲，原來是一頭大熊正朝著他們撲來。其中一位理事長馬上放下背包，拿出運動鞋，脫掉登山鞋，換鞋逃命。另一位負責人奇怪地問：「大熊撲過來了，你幹嘛換鞋？我們又跑不過大熊！」換鞋的理事長就回答：「換了鞋會跑得快些，只要我能跑得比你快就好啦！」

所以「競爭」是組織成敗的關鍵，它決定了組織的創新精髓、文化凝聚力、執行效率，與整體表現息息相關。而對一般產業競爭法則分析執牛耳的非波特莫屬，他首先提出「五力分析」（參閱圖一），這五種競爭力包括：新競爭者的加入、替代的威脅、客戶的能力、供

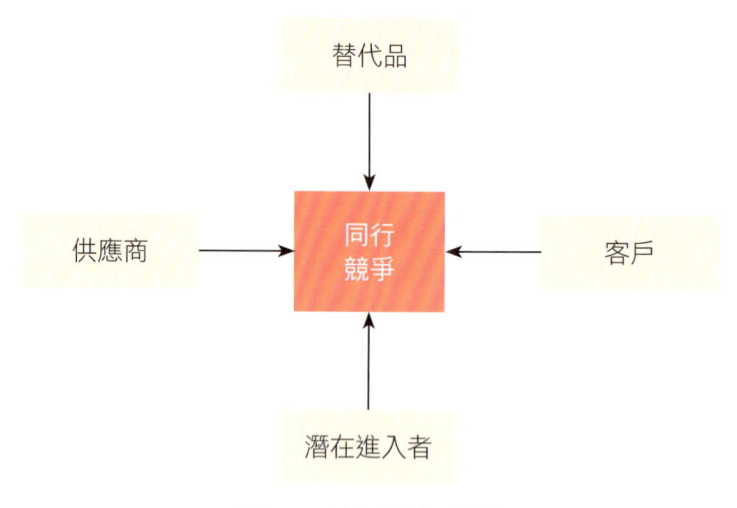

```
                替代品
                  ↓
供應商  →  同行競爭  ←  客戶
                  ↑
              潛在進入者
```

圖一：波特五力分析

應商的能力，及既有競爭者間的競爭。這五種競爭力會決定產生的獲利能力，因為這五力影響了產品價格、成本與必要的投資，也決定了組織成敗的關鍵。

對於非營利組織，「五力分析」仍可適用，只是把「供應商」改為「資源供應者」（如政府、捐助機關及個人）；把「客戶」改為「服務對象」（指憨兒或一般客人），而替代品則考慮到我們提供的類似或可替代方案；潛在進入者則與一般組織一樣，指進入該組織現有門檻的高低，與障礙突破的難易度（參閱圖二）。

波特認為企業競爭策略上的兩種基本優勢是成本領導及產品差異化。成本領導的優勢來源包括規模經濟、專利技術、原料優先取得等要素；而差異化就是選擇一或數種大多數客戶重視的特性，把自己定

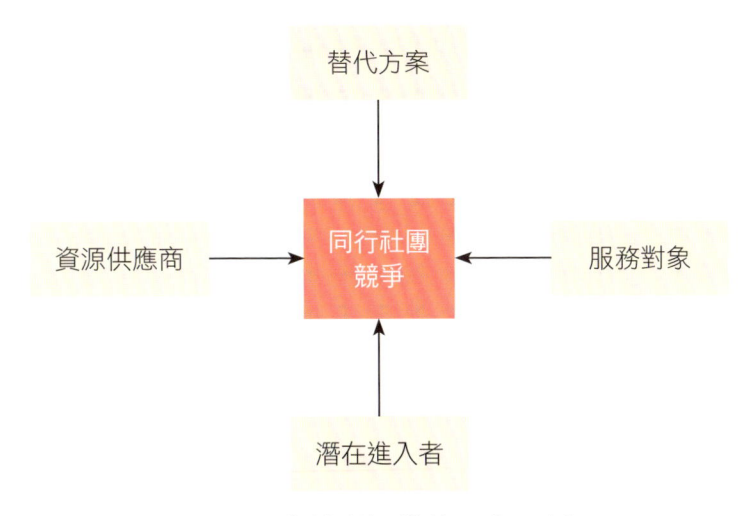

```
           替代方案
              ↓
資源供應商 → 同行社團 ← 服務對象
              競爭
              ↑
           潛在進入者
```

圖二：非營利組織的五力分析

位為獨特、與眾不同，獨樹一格的滿足客戶。其實波特的理論與中國傳統的競爭策略也有異曲同工之妙，也就是：你無我有，你有我優，你優我廉，你廉我轉。

透過核心能力創造獨有價值

　　什麼是核心能力？簡單的說，核心能力就是一個團隊在少數專業知識或是關鍵技能領域取得領先地位，足以執行超越同行水準的重要程序。根據上面的界說，核心能力可以分為下列兩類：一、洞察／前瞻能力，指有助於組織開發或追求領先局面的能力，主要來自高階人員高瞻遠矚，與眾不同的能力所創造出的獨特價值。二、執行能力，指第一線人員根據組織的願景與目標，在接觸的真實點（moment of truth）表現優異，在客人心目中，組織提供的優質產品或服務超越競

爭品牌，這是因為組織裡第一線人員隨時都在思考，如何討好客人的歡心，以令人耳目一新的服務水準，讓客人超乎尋常的滿意，也讓競爭者望塵莫及。要評估一個組織的核心能力可從下面四點來探討：

1. 具有出類拔萃的技能。
2. 可以長期維持的優勢。
3. 可以為組織創造出新的價值。
4. 能夠納入組織的價值體系中。

我經常在思考喜憨兒基金會的核心能力在哪裡？從上面四項評估重點，我們可以整理出一些輪廓，如表一所示。喜憨兒基金會在這短

表一：喜憨兒基金會的核心能力

評估項目	高階洞察力	基層執行能力
出類拔萃的技能	・設立烘焙屋及餐廳 ・優秀的經營團隊	・提供「純真」的體驗行銷
長期維持的優勢	・喜憨兒保有純真是獨特的核心資產 ・2%人口比例也是稀有資產	・產品、服務差異化：融入愛心，是一般商品所望塵莫及的
創造新價值	・建構使命在於：點化人生，改造生命的最高價值境界	・協助喜憨兒自力更生 ・創造社會價值
可納入價值體系	・轉化無形理念變成有形的產品，均可納入價值鏈	・推廣憨兒自立自強理念，獲得社會高度肯定與認同 ・徹底改變心智障礙者形象

短的八年內，確實已經建立了卓越領先的核心能力，而且對心智障礙者與家屬有著不可磨滅的貢獻，對提升社會價值及改造生命的工程上，也樹立了全新的標竿與典範。

如果一顆麥子不死

在《約翰福音》中提到：「如果一顆麥子不死，它永遠只是一顆麥子，但是當這一顆麥子落地死了，它會長出成千上萬顆的麥子來，這才是生命的真諦與價值。」

人是群居的動物，絕不可能離群索居，也不可能獨善其身，凡事只想到自己的人，常會感到巨大的空虛與匱乏。畢竟，沒有付出與奉獻的生命無法綻放秀麗璀璨的花朵，也不會結成有意義、有價值的果實。在人世間最幸福的事，莫過於為別人的幸福而拋棄自己的私利，無私的奉獻，實際上就是為自己永恆的幸福與快樂而努力。

立德、立功、立言是所謂的三不朽，是可以存千古、永恆不滅的價值，絕對不是一般的金錢、名利可換取的，而點化人心向善，改造生命價值正是集不朽的大成。

憨兒的純真正如同一顆曖曖內含光的鑽石，當埋在地底下時，誰也看不出它有什麼價值，必須去開採，挖出來的鑽石其貌不揚，雖有鑽石的本質，但與一般石頭外觀上被泥土掩蔽並沒有兩樣。經過專家的雕琢、研磨，它的稀有性才會發光發亮，才會變成一顆晶瑩剔透價值連城的鑽石。

當很多公益組織不斷地為心智障礙者請命，爭取福祉，他們確實已經做到了上述的開採階段，然而喜憨兒基金會則更進一步達到要為喜憨兒精雕細琢，開創出憨兒純真的價值，融入社會體系。

2002年　從真情時刻到體驗行銷

　　自有人類史以來就有經濟活動，而所有的經濟活動皆肇始於經濟的供應與需求，從最原始的「以物易物」，到了有貨幣制度之後的交易行為，活動中最重要的一個環節就是行銷，也就是在滿足消費者的需求。

　　對於當今第三部門日益蓬勃，如何滿足內部與外部客戶的需求，也是相當重要的。由於NPO的公益團體長期與第二部門脫鉤，對於管理一向並不熱衷，一聽到管理，就覺得那是營利事業第二部門的伎倆而避之、遠之，也因此，我們常看到很多庇護性工場或商店的商品，生產出來後不知如何銷售，沒有通道，滯留倉庫中浪費資源，最後也落得關門大吉的命運。

　　非營利組織要自力更生，自立自強，NPO事業化已經是時代潮流之所趨，在NPO事業化的過程必須建立一套完整的價值體系，這套價值體系是由生產、行銷、人資、研發與財務五項管理功能結合而成，缺一不可。光有產品或服務不會產生社會間的互動，必須透過行銷才能讓產品流通而賦予產品或服務生命力，進而創造出社會價值。

　　隨著時代的變遷，我們可以從圖一看出經濟供給的演進，由最低價值的一般物質，漸漸進展到產品、服務、體驗到最高層級的轉變，而創造出來的價值感也隨之提升。

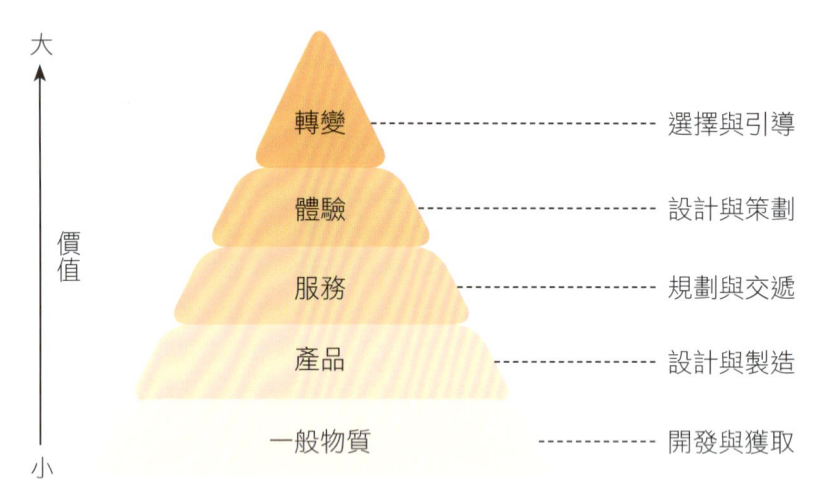

```
大 ↑
                    轉變  ------------- 選擇與引導
價
          體驗          ------------- 設計與策劃
值
        服務            ------------- 規劃與交遞
      產品              ------------- 設計與製造
    一般物質            ------------- 開發與獲取
小 ↓
```

圖一：經濟供給金字塔

從表一，我們也可以看出在不同經濟活動的範疇裡，經濟的需求從原料、商品、流程、情境，演進到改造生命最高的價值觀。而在其應用領域裡也由「以交易與市場結合」，提升到「以願景與渴望轉變者結合」的境界。

需求是行銷的原動力

一個非營利組織（NPO）必須具備下列五項特性：一、必須具有公共服務的使命。二、必須經政府立案通過，接受相關法令的規範。三、必須是一個非營利或公益的法人組織。四、其經營結構必須排除私利。五、享有法律上的特別地位，捐款得以抵稅。

經由上面的界說，我們了解到NPO公益組織，並沒有被限定不

表一：經濟活動的範疇

活動	一般物質	產品	服務	經驗	轉變
經濟需求	原料	商品	流程	情境	改造生命
核心活動	交易者的獲取	生產者的製造	供應者的交遞	策劃者的設計	先驅者的引導
改善	不好領域促使重新探尋	問題促使改正錯誤	反應促使回應	體驗促使保存記憶	目的感促成生命的意義
應用	以交易與市場結合	以產品創新與顧客結合	以互動與客戶結合	以情感與客人結合	以願景與渴望轉變者結合
對象	一般大眾 public	顧客 customer	客戶 client	客人 guest	渴望者 aspirant

可營業，在國內、國外，許多NPO開辦醫院、學校，甚至在教堂開設天使髮廊、販售天堂咖啡，都已屢見不鮮。不過，必須謹記：NPO公益團體具備不可分配盈餘的限制，以及利益不可歸自然人所有的兩大限制。

　　行銷的定義則是：「滿足需求」的行為。它是一種供給與需求的過程，藉由此過程，彼此創造、交換產品與價值，以滿足交換者的需求與慾望，因此，需求是行銷的原動力。

　　行銷的核心概念是「交換」。它是一種價值交換的過程，正常的交換行為可使雙方變得更滿足。

表二呈現的即是客戶需求的演變,從早期的「量的滿足」漸次提升到「質的滿足」、「形象的滿足」、「心靈的滿足」,不斷在滿足顧客心裡激化升級的價值層次。

表二:客戶需求的演變

客戶需求	量的滿足	質的滿足	形象的滿足	心靈的滿足
時期	1950-1970	1970-1980	1980-1990	1990-now
滿足的要素	・充足的供應 ・低價位	・高品質 ・多功能	・信任品牌 ・感覺	・個人內心的附加價值
關鍵技術	・生產技術 ・IE ・成本控制	・QCC ・TQC	・CIS ・TQM	・CRM ・客服技術
經營重點	・價格競爭 ・生產規模 ・生產導向	・品質競爭 ・品質時代	・品牌競爭 ・形象時代	・CS服務化 ・CS時代

對於身心障礙者的需求何在?根據2002年內政部提出的「台閩地區身心障礙者生活需求調查報告」,在89年度各類別身心障礙者的需求如表三所示(本表僅節錄人數最多的前四項類別),我們可看到對於智能障礙的需求是食品烘焙、餐飲服務及環境清潔維護三大類別,而喜憨兒提供的服務也正完全符合此項需求,立足點相當正確。

表三：身心障礙各類別最希望接受的職業訓練

身心障礙類別	人數	最希望接受的職業訓練種類
肢體障礙	43,519	1.電腦文書處理25.20% 2.電腦軟體應用25.10% 3.美工設計8.88%
智能障礙	103,069	1.食品烘焙26.46% 2.餐飲服務16.43% 3.環境清潔維護15.12%
慢性精神病患者	8,550	1.電腦文書處理22.59% 2.農、園藝13.66% 3.食品烘焙13.00%
多重障礙者	5,914	1.電腦文書處理25.24% 2.電腦軟體應用23.88% 3.美工設計13.72

對內部客戶的喜憨兒而言，我們也正對著憨兒在MASLOW的需要階層，從最低層的生理需求，藉著創設喜憨兒烘焙屋及餐廳，一步一腳印的提升至安全、社會、尊重，也許有一天我們也能讓憨兒達到自我實現的最高需求境界。

活用行銷策略

在第二部門的一般行銷策略，是由Grayson及Tompkins在1984年提出的4P，也就是產品（Products）、價格（Price）、推廣（Promotion）及通路（Place），而實際上的4P少了一個很重要的要

素，也就是人，因而有後來的學者再加上大眾（people）成為5P。

而在1999年政大司徒達賢教授把傳統公益劃分為五大要素，即CORPS，其代表的意義分別是案主（Client）、運作（Operation）、資源（Resource）、參與（Participation）及服務（Service）。

筆者將行銷的新趨勢加入五項對應的要素，即體驗（Experience）、價值（Value）、轉變（Change）、創新（Innovation）及渴望者（Aspirant）分別代表經濟需求、經濟動能、核心活動、途徑應用及活動對象，整理出如表四的NPO行銷光譜。

表四：NPO行銷光譜

要素	一般行銷（4P＋P）*	傳統公益（CORPS）**	公益行銷新趨勢
經濟需求	產品（Product）	服務（Service）	體驗（Experience）
經濟動能	價格（Price）	資源（Resource）	價值（Value）
核心活動	推廣（Promotion）	運作（Operation）	轉變（Change）
途徑應用	通路（Place）	參與（Participation）	創新（Innovation）
活動對象	大眾（People）	案主（Client）	渴望者（Aspirant）

*Grayson & Tompkins，1984
** 司徒達賢，《非營利組織的經營管理》，1999

從NPO行銷策略的觀點，組織的使命、願景、目標、價值觀到行動方案，這一系列必須納入行銷要素中融會貫通。缺少了使命，會使行銷變得只在營利；缺少了願景，行銷將沒有方向感；缺少了價值觀，也使行銷毫無著力點。所以最後的行動方案一定是綜合了第三部門最主要的策略磁場──使命、願景及價值觀，才會達到公益行銷的目的。

以客為尊

行銷的主要功能是在客戶的需求，以客戶導向的方式來達成客戶的價值主張。圖二是Kaplan及Norton 1996在Balanced Scorecard translating Strategy into Action提出來的客戶價值主張。

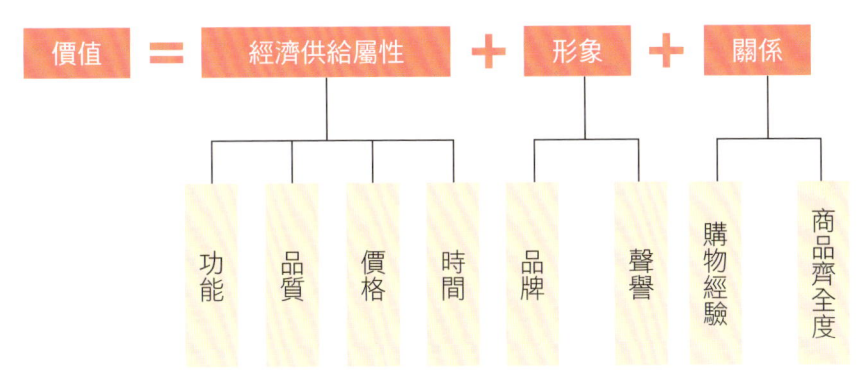

價值 ＝ 經濟供給屬性 ＋ 形象 ＋ 關係

經濟供給屬性：功能、品質、價格、時間
形象：品牌、聲譽
關係：購物經驗、商品齊全度

* 資料來源：R. Kaplan & D. Norton
"The Balanced Scorecard translating Strategy into Action". HBR1996

圖二：客戶價值主張

價值是由經濟供給屬性與形象及關係創造出來的,「經濟供給屬性」包括了產品或服務具體的功能、品質的良窳、價格的接受度、時間的準確性。而「形象」包含了品牌及聲譽,這是組織無形的圖騰,也是非營利組織知名度的最好指標。另外,關係則包含了經驗與產品齊全度等臨場的印象。

這種價值感的滿足,是客人完成一項交易時,從頭到尾完美的行銷表現。當客人接觸第一線的服務人員開始,他已經在給組織打分數。「真情時刻」(Moments of Truth)指的就是這最初的15秒鐘,我們第一線的服務者是否真正以關懷、誠懇、敬業的態度在招呼客人,真誠關心的微笑與專業上皮笑肉不笑的笑容是很容易分辨的,敷衍、怠慢、奚落、嬉戲也是很容易澆冷了顧客的需求。所以第一線的服務人員代表的不是個人,而是整個組織,組織的印象在這15秒之內,已經被尊貴的客人感受到,有了良好的臨場感,接下來的交易行為才會繼續,才有經濟供給的問題屬性呈現,當這些交易經過完成後才會累積更好的聲譽與品牌,知名度也才會提升。

客人的另一項滿足感則來自物超所值或是超乎預期的感覺,使客人留下了不可磨滅的感受與永恆的回憶,這也是「體驗行銷」的最佳表現。關於體驗行銷,筆者在〈體驗失落的純真〉一文中已有詳敘,敬請參考。

喜憨兒純真的印象讓客人在第一關鍵的接觸點,就會在心靈上有著與眾不同的感受,認真與誠心的服務態度也深深的感動客人的心

境，許多的客人一輩子沒有被心智障礙的喜憨兒服務過，這也是超乎預期的另一種完美的體驗行銷。

在整個行銷過程中，客人不是人，是神！所以善待客戶、以客為尊是絕對必要的，而客人的忠誠度奠基於優質的服務；表五是一項統計數字，呈現出客戶抱怨或不滿對組織整體影響的嚴重性。

表五：客戶忠誠度奠基於優質的服務

1. 只能聽到4%不滿客人的抱怨，96%的人不會再光顧。
2. 一位不滿的客人會轉告10人，這10人的20%還會再轉告另外20人。
3. 當留給客人一個負面印象後，要有12個正面印象才能彌補。
4. 吸引一位新客人所花的力量，是保有舊客人的6倍。
5. 客戶忠誠度值得10次客人所購買的價值。
6. 客訴如能妥善處理，70%的不滿客人仍會光臨。
7. 如能當場解決，95%會再光臨，他會把滿意的情形告訴5人。
8. 「客人不上門」的調查顯示：
   3%因為搬家
   5%因為與其他同業有交情
   9%因為價錢過高
   14%因為產品品質不佳
   68%因為服務不周

屬於喜憨兒的行銷策略

喜憨兒行銷策略的優勢，除了上述從「真情時刻」到「體驗行銷」外，另有幾項策略要素：

一、高度親和力的命名

「喜憨兒」來自「天公疼憨兒」，疼惜的惜改為歡喜的喜字更加討喜，憨兒也是傳統長輩對晚輩的暱稱，也因此喜憨兒現在已經替代了智障者、心智障礙者等加上烙印標記的類別化名詞，成為媒體與社會稱呼的主流。

英文「Children Are Us」源自喜憨兒也叫「永遠的孩子」，無論他們生理年齡幾歲，他們的心智年齡永遠停留在5～8歲的孩子階段，正常的孩子會長大，只有喜憨兒是長不大的永遠的孩子，這就是Children Are Us的真諦。

二、意識明顯的組織識別系統（CIS—Corporate Identity System）

喜憨兒的識別系統結合了視覺辨識（Visual Identity—VI）行為辨識（Behavior Identity—BI）及理念辨識（Mind Identity—MI）如圖三及圖四。

以手筆畫出憨兒的視覺形象，厚實的鼻梁、分開的雙眼距及不完美封閉的頭部是唐氏症憨兒的行為特徵，以喜悅的笑容勾勒出喜憨兒的理念識別是一容易打動人心、令人留下深刻印象的識別標誌。

三、推展體驗行銷，強調憨兒純真的稀有性

心智障礙人口據全世界人口組織的統計只有2%，這也是相當稀少珍貴的資產，因為老天把這份永恆的純真留在這一群永遠的孩子臉上，彌足珍貴。此外喜憨兒基金會也成功的創造出有形的產品，來彌

補傳統NPO無形理念的不足，讓NPO的社會價值更具體化，更容易呈現出來。

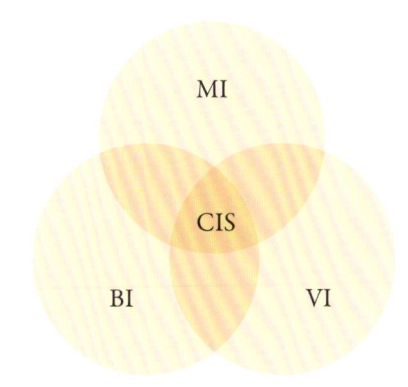

資料來源：中華民國社區發展研究訓練中心（1989）

圖三：CIS的組成要素

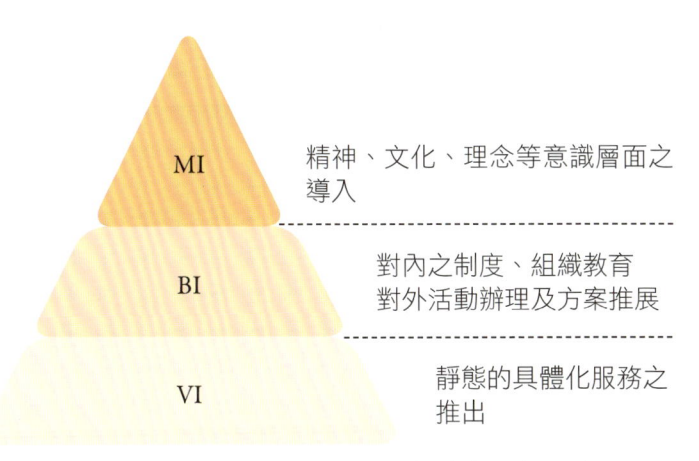

MI　精神、文化、理念等意識層面之導入

BI　對內之制度、組織教育
　　對外活動辦理及方案推展

VI　靜態的具體化服務之推出

資料來源：中華民國社區發展研究訓練中心（1989）

圖四：MI、BI、VI之相互關係

四、廣泛結合社會資源,擴大服務需求

結合企業界卓越指標性團體,如花旗銀行、華視、錸德科技等資源,開辦更多工作站,提升憨兒需求,至2005年12月底,台灣已設置22工作站、2處社區家園、一個喜憨打擊樂團、一個植栽工作隊,長期照顧安置三百餘位憨兒,而在轉介就業、喘息服務、個案照顧每年服務數千人次。

五、善用名人推廣事件行銷

在媒體的曝光度極高的喜憨兒為什麼會這麼受到媒體朋友的關注與愛護?其答案就是善用名人推廣事件行銷,如表六所示,包括政商名流、影視藝人、運動選手及專家學者。

表六:喜憨兒基金會「名人推廣」行銷策略

名人類型	名人對象	行銷訴求
政商名流	總統、總統夫人、連方瑀女士、北高市長、民意代表、社區領袖	達到公共報導的效果,吸引公共報導媒體參與報導
影視藝人	成龍、周華健、張晨光、李玟、天心……等	運用其超人氣與社會公益形象,吸引各大藝文媒體記者報導
運動選手	宏國籃球隊邱德治……等	運用其超人氣及社會公益形象,吸引各運動媒體記者報導
專家學者	高希均、司徒達賢、徐木蘭……等	運用學者專家,學術專家權威,肯定該基金的經營價值,吸引各文教媒體記者報導

六、有效運用「電腦網路」之行銷策略

現有兩個網站：www.careus.org.tw；www.c-are-us.org.tw並與370個企業個人及商業網站進行連結。

扭轉形象重拾生命尊嚴

公益行銷的手法並沒有什麼特別的，一個NPO的公益行銷要做好的不二法門就是：曝光！曝光！再曝光！

最後以二則溫馨感人的小故事作為結尾：

我以前在石化公司當業務部經理時，常需出差繞著地球跑，令我永遠忘不了的一次出差是在1992年初次到馬來西亞首都吉隆坡那一趟。那次是搭乘長榮航空的班機前往，抵達目的地後先去拜訪客戶，當拜訪完成後，已是下午黃昏時刻，代理商送我到下榻的旅社，準備進門廳check-in時，迎面來了一群年輕快樂的女孩，姣好的黃色面孔不像是當地女孩，談笑間，有一位女孩用國語向我說了一句：「蘇先生，您好！」在第一次登臨的國度裡人生地不熟，居然有人用國語跟我打招呼，更知道我是蘇先生，真是驚奇！真是訝異！一定神，才記起這是長榮班機上的那一群空服員。這次的體驗，讓我一輩子出差旅遊都指定搭乘長榮航空。

另有個憨兒的家長告訴我，他這一輩子感到最難過的一件事，就是帶他的憨兒上街，因為他受不了路人對他與孩子投來的異樣眼光，好像他做了什麼孽似的，讓他覺得無地自容。

直到喜憨兒烘焙屋的電視廣告出現了，市面上也陸續有好幾家喜憨兒烘焙屋營運之後，有一天，他提起勇氣再帶他的憨兒出門，迎面來了一位少婦，帶著他5、6歲大上幼稚園的女兒，這位小女兒看到憨兒的怪模樣就向媽媽問：「前面的孩子怎麼會是這樣？」這位憨兒的家長心都涼了一半，心想如何應付接下來尷尬的場面。

　　接著，他看到這位年輕的媽媽蹲下來，對小女孩說：「他是位喜憨兒。」這時小女孩恍然大悟：「哦！我知道，喜憨兒就是那一群很會做麵包的孩子。」這位家長頓時熱淚盈框，連5歲大的小孩子都肯定、接納他的憨兒。

　　其實這就是心智障礙者家長團體這二十年來努力想要做到的一件事，終於在喜憨兒烘焙屋成立後，很快的改變了社會對憨兒價值的定位、形象的扭轉與生命尊嚴的重新肯定。

2003年　遺珠無憾：喜憨兒大學的緣起

　　2003年3月15日喜憨樂團受邀至嘉義的南華大學進行演出，之後並參觀了該校的許多設施；現代化的無盡藏圖書館、威風八面地坐上主播台，到播音室當起播音員，憨兒們許多失落的期待與憧憬，似乎此刻又重新拾回。回程的車上，志工媽媽紅著眼眶，說這是他們第一次為憨兒一圓大學之夢，也感受到社會上的溫暖與受到最大的尊重。有所作為、有所期待、愛與被愛是人生喜悅的三項要素，喜憨兒遊大學一圓大學之夢，造成這麼大的衝擊與迴響，為了促成憨兒喜悅的使命，我們正一步步朝向這個願景邁進，也期望讓憨兒在馬斯洛（MASLOW）的需要層級上，一階階向上提升。

受教育是天賦恩典

　　自從十七、十八世紀起，西方學者盧梭等即倡導「天賦人權」的學說，而所謂「天賦人權」是泛指全人類每一分子天生所擁有的權利，這些權利並不是由帝王、統治者或任何政府所給予的，這些權利是人與生俱來，甚至是在社會或任何政治制度出現之前，人類即已擁有的權利，人權背後的價值觀，是強調每個人都有與生俱來的人格尊嚴與價值。

　　而教育正是謀求人格與人格尊嚴意識充分發展的最佳方法與途徑，促使人人能參與自由社會並積極貢獻。在聯合國的國際公約中提到：個人在經濟、社會與文化方面的權利是三大天賦人權之一，並在第十三條中提起：「高等教育應依據能力，或一切適當辦法，特別應

逐漸採行免費教育制度，使人人有平等接受機會。」

在台灣，心智障礙者在受完國民義務教育之後，幾乎喪失接受高等教育的機會，致使部分極具才藝潛能的心智障礙者不能在人生的舞台上展現才華，反而在滾滾紅塵中隨波逐流，被排除在社會邊緣、埋沒在人海中，成為遺珠之憾。這種因無法受進一步教育致人不能盡其才的作為，與孔夫子的「有教無類」逕相背離，夫子也會大嘆：「道不行，乘桴浮於海。」

終身教育、終身照顧

喜憨兒基金會自1995年成立以來，一直秉持以改造憨兒的人生，使其享有生命的尊嚴與生活的喜悅作為使命，而以憨兒的終身照顧、終身教育為願景。透過自力更生的理念，我們已在高雄、台北、新竹地區成立15家喜憨兒烘焙屋及餐廳，每年長期照顧200位以上心智障礙者，短期服務也達二萬餘人次，憨兒從工作中創造出社會價值、融入社會體系、回歸社會主流，因而受到社會的肯定與接受，得到生命的尊嚴與喜悅。

在為憨兒終身照顧而努力辦理烘焙、餐飲與才能訓練服務的過程中，我們也深感心智障礙者對接受教育訓練的急迫性，與其藝能方面的無限潛能無法被肯定，急待進一步教育的必要性，因此，我們必須提供終身學習與教育的環境，不斷提升其技能與藝能。

我們也期望藉著喜憨兒藝能大學的成立，讓在台灣有才藝潛能的

喜憨兒也能在人生的舞台展露他們的才華，成就自我的天空。

與眾不同的璀璨珍珠

　　心智障礙者隨著障別的不同，受傷害程度的輕重，表現在生命的才能、藝能也有所不同，因而造就了與眾不同的生命珍珠，而大放光芒。比如腦性麻痺者的記憶力奇佳，美術、繪畫極有天分；又如唐氏症者對節奏、韻律音感頗強，聽到音樂就隨之起舞；還有自閉症的雨人，可破解迷津，他們腦中的世界是正常人所不及的，以下就列舉一些例子來闡明心智障礙者的藝能表現。

1. 彩繪美麗人生的美廉

　　美廉博士雖身為腦性麻痺者，口不能言、步履艱辛，卻能勇敢面對命運挑戰，以積極獨立、樂觀活潑的方式，彩繪出璀璨生命。作品屢屢得獎，終於在1992年得到美國加州洛杉磯大學的美術博士殊榮。

2. 遨遊音樂世界的尚軒

　　尚軒是位自閉症者，目前還在國中就讀，每週五、日中午會到高雄喜憨兒天使餐坊演奏電子琴，歌曲樂章有如行雲流水，不用看譜，音符早已烙印在他靈巧的十指中。他看到人常常會覺得很陌生，但他在音樂世界裡可是完全的融入，得意的微笑綻放在樂曲中。

3. 舞動生命旋律的小盛

　　小盛是位唐寶寶，每次聽到節奏比較強烈的歌曲，就搖頭晃腦的

打著節拍,搖著搖著不自覺地就全身舞動起來,舉手投足中規中矩,律動百分百,數次得到熱門舞蹈比賽冠軍。

4. 跳出生命藩籬的加拿大FPP黑光劇團

加拿大多倫多FPP（Famous People Player）黑光劇團創立於1974年,由一群喜憨兒擔任演出,白天在餐廳認真工作,到了晚上他們穿上黑衣活躍在黑暗的劇場裡,成為黑光劇的表演者,客人觀賞完精彩的黑光劇,當演員把頭上的黑色頭罩拉下,大家才驚覺,他們正是剛在餐廳為客人服務過的一群心智障礙者。這種超乎顧客預期的表演型態,正是FPP獨到的成功之處。

5. 分享生命喜悅的日本Joy Club打擊樂團

日本Joy Club打擊樂團成立於1993年,有12名團員都是中、重度智障者,該樂團在心智障礙者生活正常化的考量下,嘗試超越傳統社會福利的觀點,讓心智障礙者有「自己的人生,自己來創造」的環境,並在經濟及生活上求得自給自足。該樂團在日本國內已有數十場的巡迴演出,深獲各界好評。

彩繪自我的天空

2002年11月29日在一次南區的家長成長活動中,很榮幸的邀請到黃美廉博士來跟家長們筆談她與彩色共舞的歷程。活動完,她送我一首她所創作的詩詞〈大熊爸爸〉,她表示這首詩詞是她要送給她爸爸的,因為我太像她爸爸,所以也送給了我,謹把詩詞內容抄錄如下:

大熊爸爸

我的爸爸像大熊
壯壯的身子　粗粗的手
寬寬的肩膀　方方的頭
我的爸爸像大熊
喜歡吃蜜　不怕風
努力勤勞　去做工

他愛我與眾不同
捨得讓我自己碰
看我成長看我痛
讓我追尋自己的夢

如今我有新天空
大熊爸爸謝謝你
永遠愛你在心中
永遠愛你在心中

　　我真的深愛喜憨兒的與眾不同,也愛他們追尋自己的夢,更期盼在我們提供了喜憨兒藝能大學的良好環境後,憨兒們都能彩繪自我的新天空。

2005年　喜憨兒的貴人：NPO策略聯盟

策略聯盟的界說

策略聯盟（Strategic Alliances）並不是現代的產物，也不是第二部門的專利。其實遠在中國的春秋戰國就有蘇秦與張儀的合縱連橫之說，聯合六國的力量抵抗強權秦國。比較當代的定義，在1994年由雷格比與布漢南（Rigby & Buchanan）提出，他們認為不同組織為了達成相同目標而共同投入資源，然後結合事業的某些部分而形成的合夥關係，就稱之為策略聯盟。

因此策略聯盟乃是組織間非市場導向的交易或合作方式，它包括了技術的移轉、金錢的投資、合作生產、共同行銷與研究發展。而策略聯盟的範疇，也不只是第二部門，其實它涵蓋了政府部門（公部門）、企業部門（私部門）及社會部門（第三部門）。

策略聯盟的程序與目的

策略聯盟源自於組織間的競合（競爭與合作）關係，無論政府、PO或NPO在資源的取得上幾乎都是一場零和遊戲的賽局，在一定的大餅之下，甲方多拿了一些，乙方即減少一些，即使最講人道、最講公平正義的NPO也不能自外於此一遊戲規則。由於競爭是殘酷的、是現實的，除非跳出現有的框架，自己創造另一個大餅，否則如何保持競爭優勢，以取得不斷領先，變成組織維持生計（Sustainable Livelihood）唯一的求生自保之道。

因此NPO組織間，就會為了共同利益而合作，避免破壞性競爭的自相殘殺。合作的程序上，當然是要考量交換或互相利用彼此的長處與優點，而目的上則是要達到雙贏的境地。

依目的來分析，有以下五點：一、資源占有率的提高。二、對競爭者的應付與跟隨。三、接近技術及know-how取得的機會。四、確保新業務、新產品、新服務之取得與推展。五、組織再造的推展。

策略聯盟的模式

策略聯盟隨著組織合作關係、對象、價值觀與資源整合的方式不同，一般可分成下列三種方式：

一、垂直式聯盟：

個別組織分別從事本身專長的事務，而透過結盟的方式，連結不同的價值活動，由此提供較完整的價值功能。垂直式聯盟也包括了：

1. 互補合作型－互相擷取它方的優點來補足本身之缺點。
2. 產銷分工型－清楚界定相互間的工作範疇，爭取效益，達成任務。

二、水平式聯盟

整合類似之價值活動，以擴大組織或事業營運規模，降低固定成本，發揮規模經濟之優點，也可分成：

1. 研發主導型
2. 產能互補型
3. 財務互補型

三、不對稱聯盟

大、中、小型組織間之策略聯盟或資源差異甚大的組織間的聯盟關係，如社團法人協會與政府之間的公辦民營關係即可屬之。

策略聯盟的成功關鍵因素

策略聯盟就像男女婚約一樣，如果要聯盟成功、圓滿，甚至能成為長久的夥伴關係（Long Term Partnerships），則有賴雙方開誠布公，從相互了解為起點，知己知彼，認同彼此的理念，進而建立相互的誠信與信任感，至共同的分工與合作，達成共同的利益為目標。

因此在結盟之前必須先做好該做的準備，事先選定對象、蒐集資料、分析現象，雙方的「SWOT分析」是很重要的，不同組織的優點、缺點，以及受外部環境的威脅與機會，都會讓你認識清楚對方，踏出聯盟的第一步。進一步則由認識與了解進展至雙方培養深厚友誼，同時進行「可行性的評估」，若屬可行，則雙方可依據對共同目標的興趣與互利原則簽訂「聯盟意向書」，再對合作細節進行溝通討論，商議談判並予確定，最後即可進行簽約，正式結盟。所以，一個圓滿的策略聯盟的成功關鍵因素具備以下各點：一、使命本位－不扭曲使命，不喪失自主權。二、知己知彼－相互了解，門當戶對。三、

雙贏原則－共同合作，互蒙其利。四、誠信原則－資源透明化，分配公平化。

喜憨兒的策略聯盟案例

喜憨兒基金會從1995年成立迄今，已邁入第十年。這十年之中，喜憨兒基金會並非天賦異秉，我們與其他團體一樣，經歷過物競天擇、適者生存的嚴酷考驗，我們也經歷過在許多資優的同質團體狹縫中辛苦成長的境遇。然而一路上，我們更遇到許多貴人，不斷的提攜與照顧著喜憨兒基金會，使我們成長茁壯，為心智障礙的孩子們開啟一片藍天，以下僅提供幾個重要的代表性案例以茲研討：

一、小王子烘焙屋

1995年成立基金會後，訂定了我們為憨兒尋回生命尊嚴與喜悅的使命，也定下了終生照顧、終生教育的願景，找出了自力更生的目標，決定以烘焙為起點的策略規劃，但是在我們行動方案中，技術該從哪裡取得？最後就教於高雄鼎鼎有名的「小王子烘焙屋」的薛經理，薛經理看了喜憨兒烘焙屋的計畫書，馬上答應提供烘焙麵包、西點技術、配方及指導人員，喜憨兒一流的烘焙產品由此奠定基礎，優質的品牌也從此建立。

◎時間：1996年（短期）
◎聯盟標的：烘焙技術
◎聯盟對象：PO對NPO

◎聯盟型態：垂直式

◎聯盟效益：小王子善舉、扶持弱勢團體，喜憨兒獲得烘焙技術，改變社會角色，並建立公益品牌。

二、花旗銀行

　　1997年當第一家喜憨兒烘焙屋剛成立不久，透過中華聯合勸募協會的穿針引線，得知花旗集團有一筆基金要贊助台灣的公益團體，想要來參訪喜憨兒烘焙屋。當年4月14日即由紐約花旗總部的花旗基金會總裁Mr. Paul Ostergard帶領台灣花旗銀行公關部王友華副總裁與蕭副理前來參訪。

　　經過本會融入管理理念的簡報與烘焙屋現場成功的體驗行銷，儘管喜憨兒當時還是默默無聞的小基金會，花旗銀行看到了喜憨兒深厚的潛力，喜憨兒創新理念與喜憨兒的璀璨未來，一項長期夥伴聯盟關係便於是展開，為台灣公益團體與PO間搭起一座寬宏穩固的橋梁，成為PO贊助NPO的成功典範。1997年喜憨兒基金會獲得花旗USD 10萬的公益捐款，1998年花旗提供喜憨兒基金會NT 500萬的無息貸款，同年8月更發行花旗喜憨兒認同卡，消費者每消費一筆，即撥0.35%給喜憨兒；此外，更在各大電視媒體密集播出喜憨兒認同卡的宣傳片，使社會大眾耳目一新，也快速改變了社會大眾對憨兒的印象。

◎時間：1997～現在（長期）

◎聯盟標的：贊助捐款、行銷宣導、志工參與

◎聯盟對象：PO對NPO
◎聯盟型態：垂直式
◎聯盟效益：花旗銀公益形象提升，喜憨兒基金會得到長期贊助，建立優良品牌，憨兒角色徹底改觀。

三、錸德科技公司

2000年錸德科技公司執行長葉垂景先生提到其湖口廠區有三千多員工，上夜班時，公司需要提供夜點，何不將夜點由喜憨兒烘焙屋供應？可以增進憨兒的工作機會，又可善盡公司的社會責任。就是這樣的一個理念，促使喜憨兒基金會於2001年跨進高科技園區的新竹縣市，建立竹北及建中二處工作站及烘焙工廠，也成為全國性的基金會，造福新竹地區百位憨兒的福祉。

◎時間：2001年至今
◎聯盟標的：贊助捐款、行銷促進
◎聯盟對象：PO對NPO
◎聯盟型態：垂直式
◎聯盟效益：喜憨兒基金會擴大運作範疇，跨出北高，成為全國性NPO，提升錸德科技之社會公益形象，嘉惠新竹地區數以百計之憨兒。

四、當喜憨兒遇見幾米

幾米是中、台兩地紅遍半邊天的名插畫家，以《月亮忘記了》、《地下鐵》與《向左走，向右走》而負盛名。喜憨兒基金會自1997年

推出中秋月餅行銷後，每年除了在月餅口味上不斷提升品質外，也在包裝上下了極大的功夫，不斷研發創新包裝，當《月亮忘記了》出版之後，基金會圓圓討喜的憨兒Logo，與幾米畫中黃色大圓臉的月亮造型相互輝映，也是一個難得美麗的巧合，因此開啟了2001年起的合作機會。這種NPO在產品上的巧思與創新的結合，甚至領先了PO專業月餅禮盒的包設計，因為很多PO業者設計的中秋禮盒，還停留在嫦娥奔月的傳統形式。由於成功的策略聯盟，使得2004年喜憨兒月餅銷售接近三萬盒，也使喜憨兒基金會每年中秋節成為全台灣最忙碌的NPO組織。

◎時間：2000年至今
◎聯盟標的：包裝研究與行銷促進
◎聯盟對象：PO對NPO
◎聯盟型態：水平式
◎聯盟效益：幾米公益形象的提升，喜憨兒中秋月餅拓展品牌與市場行銷。

五、高雄天使餐坊公辦民營

天使餐坊舊址原為高雄市鬧區巷道內之一處廢棄官舍，經過基金會提出申請，高雄市政府同意以公設民營方式委託喜憨兒基金會經營福利商店。由政府補助部分經費，基金會自籌部分經費，重新改建成為庭園餐廳的經營模式，一樓除餐廳外尚有麵包西點門市；二樓則為訓練教室、包裝區；三樓設置空中植栽園區，種植香草、香料植物供應餐廳及烘焙使用，成為一貫作業的流程，在此共照顧安置了二十二

位憨兒，以中、重度憨兒為主。

◎時間：2001年起至今
◎聯盟對象：政府對NPO
◎聯盟標的：政府提供房舍場地，部分資金，照顧中重度心智障礙者。
◎聯盟型態：垂直式
◎聯盟效益：政府委託NPO照顧憨兒，節省人力資源，喜憨兒基金會得到照顧憨兒的場所，推展社區融合。

六、Enjoy台北餐廳、勞委會工作站、勞保局工作站

與高雄天使餐坊類似，由台北市政府在2001年提供市政府南廊約80坪的場地，讓喜憨兒基金會經營麵包、西點、咖啡及簡餐，提供來府洽公的民眾與市府員工餐飲服務。由於地處市政府的門面，對於政府落實照顧弱勢團體的形象立竿見影。同樣的做法也運用在延平北路勞委會大樓一樓入口處，放置麵包、西點販賣及飲料供應，服務洽公人員，也展現了政府照顧弱勢族群的決心與魄力，及推動弱勢者自力更生──給他魚，不如給他釣竿，教他釣魚的努力。勞保局的狀況也是相同。

◎時間：2001年至今
◎聯盟對象：政府對NPO
◎聯盟標的：政府提供場地，部分資金，促進弱勢者自力更生。
◎聯盟型態：垂直式

◎聯盟效益：政府落實照顧弱勢者自力更生的形象，基金會得到照顧憨兒的場所，也可以做很好的行銷及形象宣傳。

七、中華聯合勸募協會

1997年3月當第一家喜憨兒烘焙屋成立時，台灣中華聯合勸募協會獲悉此一訊息，恰巧美國花旗銀行有筆捐款要贊助在台灣的公益團體。中華聯勸為此穿針引線，並促成了台灣公益史上結合PO企業菁英贊助有創新遠見的弱勢團體的一段佳話。此外，透過聯勸一日捐及其他管道，每年也為數以千計的台灣公益團體募款，贊助弱勢團體提出照顧方案，並與台灣微軟公益結合，由微軟每年捐出五千萬元以上，贊助一元視窗軟體計畫。

◎時間：1997年至今
◎聯盟對象：NPO對NPO
◎聯盟標的：集中募款、捐物贊助弱勢。
◎聯盟型態：垂直式
◎聯盟效益：合縱式募款，連橫式贊助，愛心遍台灣，經驗傳世界。喜憨兒由於聯勸活動時引見花旗，而能成長茁壯。

八、憨喜遊農

布農基金會是位於台東地區，以照顧原住民就學、就業為使命的公益團體，與喜憨兒基金會相同的是，兩個基金會同樣是在逆境中以自力更生的方式為弱勢者爭取生命的尊嚴與喜悅。2003年底喜憨兒到布農部落參訪，在白牧師的接待下，看到布農基金會努力經管的溫泉

之旅住宿、餐飲、歌舞表演，成果令人感動，因此就結下兩個弱勢公益團體互相提攜扶持的緣分，也在2004年的4月至8月展開了「憨喜遊農」的募款計畫，只要民眾捐款滿3,500元，即可獲得價值8000元的布農文化二人精緻旅遊；滿4,500元可獲得價值12,000元的四人行程，愛心一兼二顧，一份愛心同時贊助兩個傑出的公益團體。捐款分別提撥800元及1,000元給喜憨兒，當籌建喜憨兒學院的基金，幫助憨兒築夢，也為布農原住民朋友圓夢。

◎時間：2004年
◎聯盟標的：行銷與募款，促進品牌提升。
◎聯盟對象：NPO對NPO
◎聯盟型態：水平式
◎聯盟效益：兩個NPO團體獲得更多的社會關懷及捐助挹注

九、調色板協會

調色板協會（原名高雄市智障者福利促進會）是高雄市智障者家長組成，其宗旨為照顧憨兒，為憨兒彩繪出璀璨的人生，這也是喜憨兒基金會的母會。十年來協會的憨兒們隨著年齡的長大，已由在學期間的小憨兒，成長為大憨兒，而基金會的服務，也就是從他們離開學校的那一刻，引導他們進入職場，給予教育訓練，給予釣竿，並帶領他們到有魚的地方去釣魚，回到社區、回歸社會主流。憨兒的成人安置原本是很少公益團體敢去碰觸的，因為終身的照顧需要花費相當高的成本。正因為人跡罕至，喜憨兒基金會必須以創新與自立自強的方式來耕耘這塊處女地，也因此，十年來我們成功的模式，使得數千位

憨兒得以順利進入職場，獲得照顧，讓家長們心裡有了依託，也讓社會大眾肯定我們憨兒的社會價值。

◎時間：1995年至今
◎聯盟標的：憨兒的終身照顧與終身教育
◎聯盟對象：NPO對NPO
◎聯盟型態：垂直式
◎聯盟效益：兩個NPO互補分工，落實憨兒照顧理念，也因而獲得社會認同與肯定，回歸主流。

NPO策略聯盟問題點

一、NPO與政府

一個社團法人或財團法人要面對一個資源與權力雄厚的政府機關，就如同侏儒對巨人一般的不對稱，很難用「門當戶對」來結盟。此外，政府機關科層制度分明，結盟的關卡重重，加上層級多意見多，往往造成效率低下，曠日費時。不過，如果有好的創意，正確的使命、崇高的價值觀、堅毅的決心與執行力，政府方面的困難，仍可以迎刃而解。畢竟，一個成功的NPO策略聯盟，也是政府照顧弱者的優良業績。

二、NPO與企業

相對於政府，企業界擁有豐富的財力，超高效率的管理制度及靈活的人力資源應用，對於與NPO建立聯盟關係就是要善用其優點，

但因企業組織大小不一，良莠不齊，有些PO固然要贊助NPO，但是要考量企業的動機是否正當，是否要NPO當公益背書？是否有誠信問題？藉用贊助NPO之名，而實際上是在進行欺騙社會的行為，甚至，不要因為接受贊助而失去組織的自主權，或偏離了NPO的使命。

三、NPO對NPO

組織文化不同的NPO團體若要進行策略聯盟，則要考慮到兩種組織文化的差異性，是否會引起內部的衝突？否則未蒙其利，先受其害。此外，兩個NPO的合作也必須基於互信的誠信原則，作業儘量透明化，資源分配也要力求合理化、公平化。

2009年　走一條不一樣的創業路：NPO產業化

歐美與日本非營利組織（NPO）產業化近況

　　社會企業（Social Enterprise）的理念，近年來在歐美、日本逐漸盛行，受到NPO管理人員的重視與推廣，相關學術研究也積極討論這種創新理念，具創業精神的NPO產業化（Industrialization）是否能成功運用於NPO資源的取得及達成財務自主的理想上。

　　美國史丹福大學迪士教授（Gregory Dees）1998年在哈佛企管評論中提出著名的社會企業光譜（Social Enterprise Spectrum），來闡釋這種兼具了社會公益使命與商業經營管理的創新思維。而稍早的社會創業（Social Entrepreneurship）的模式也在1990年代末期受到NPO學者及實務工作者的重視，例如：1990年代中期美國羅伯茲基金會（Roberts Enterprise Development Fund-REDF）在舊金山地區贊助遊民、殘障人士及中輟青年創造就業機會，每個方案都會評估其開創出來的企業價值與社會價值。

　　在日本則有所謂「特例子公司」的模式，日本的企業在政府「障礙者福祉法」的規定下，障礙者之工作場所需設置無障礙空間及設施，如果每個公司的辦公室和工廠都設置將所費不貲，因此，有些大公司就把障礙者集中起來，成立了一個子公司如日本電測（Denso株式會社），就在愛知縣成立了這樣一個工廠，工廠設有完善的無障礙設施，作業員幾乎全是障礙者，只有少數管理者不是障礙者，生產的產品如汽車儀錶板、儀錶之組合等，具實際商業價值的產品，跟一般

工廠一樣訂定目標,與嚴格的管理制度。

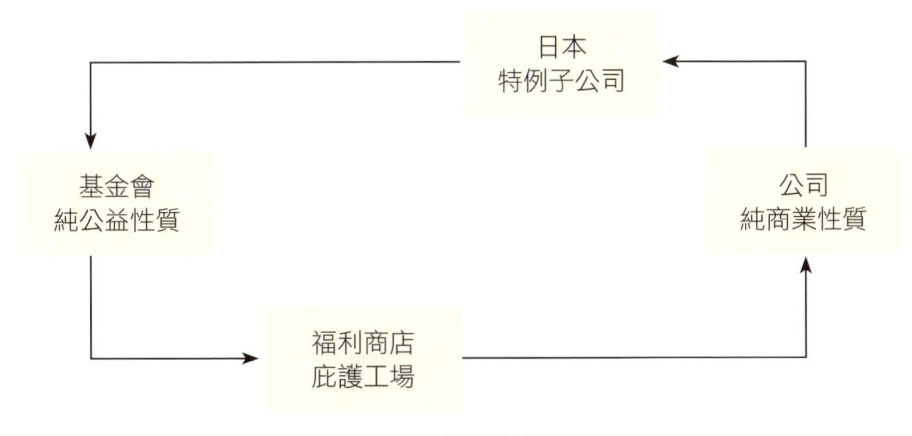

```
        日本
       特例子公司
    ↙           ↖
基金會           公司
純公益性質       純商業性質
    ↘           ↗
       福利商店
       庇護工場
```

圖一:產業化模式

NPO在台灣的發展

NPO的概念可以回溯到1830年代西方國家所提出的第三部門,而台灣NPO的發展則肇因於1987年政府宣布廢除戒嚴,集會遊行法鬆綁,所以起步較西方國家落後很多,但是之後NPO的蓬勃發展有如雨後春筍,在短短的16年間成立數以萬計的基金會與協會,全力在倡導、推展各種社會與經濟議題,解決人與人之間、人與社會間的困難,也趕上了世界的腳步。

喜馬拉雅基金會在其《台灣300大基金會名錄》中整理出的分析:在2001年台灣有3,014個財團法人基金會,而在社團法人方面也有29,496個協會正依其各自訂定的使命、願景、章程推動各項經濟、社會方案,期以改善台灣社會許許多多的困難問題。

台灣NPO產業化的緣起

隨著NPO的蓬勃發展，NPO數量暴增，政府補助與民間捐贈的大餅並無法同步擴大之下，各NPO團體必須在有限的資源中，爭取到維持組織持續運作之資源實屬不易。因此面臨對政府補助能力的信心降低，及解決社會問題的私人公益行為減少的窘境之下，喜憨兒基金會選擇了開發「未被利用的經濟力量」——NPO產業化替代傳統的慈悲與愛心，而以較創新的思維來取得資源、解決問題、落實使命。在當代環境下，這也是務實主義者的作法，只是當1997年我們推出喜憨兒模式時，我們並不知道NPO產業化這個名詞，我們也不知道所謂的社會企業或社會創業家。

杜克大學富夸商學院社會企業家推廣中心主任狄斯說：「我們對社會問題需要創新的解決辦法，而社會愈來愈體會到，私人以企業家的方式結合商業理論、工具與相關的社會專業，是找到那些解決問題的最佳希望，這些人就是社會創業家。」

社會創業家（Social Entrepreneur）的意涵

狄斯教授更進一步在他的近作《非營利組織企業化》（*Enterprising Nonprofits: A Toolkit for Social Entrepreneurs*）大力倡導社會創業家的意涵，他認為社會創業家具有五大特徵：

1. 擬定可以創造社會價值的使命與目標
2. 尋求創業機會以實踐社會公益使命

3. 不斷創新，學習與調適
4. 創造與槓桿使用有限資源
5. 展現對利益關係人（Stakeholders）及成果要求的責信度

喜憨兒模式：NPO產業化的台灣經驗

喜憨兒基金會是由一群心智障礙者的家長為了長期照顧憨兒，讓憨兒得到生命的尊嚴、得到生活的喜悅以及提升憨兒生活品質，在1995年創辦的一個公益團體。而基金會走過的歷程就如圖二所示，只是想完成家長們的渴望與期盼，本質上百分百絕對是非營利組織。只是在我們為了達成使命時，我們設計了自力更生的項目，開創喜憨兒烘焙屋，使我們在策略上走上了以實際的生產銷售提供喜憨兒工作機會，也由工作中讓憨兒得到生命的尊嚴，再從自立自強的角度切入，讓所獲得的收入盈餘替代部分操之在人的捐款收入及政府補助。

這樣的經營體系，讓喜憨兒基金會跨足了第三部門與第二部門的領域，這是一項創新，從1997年在高雄大順店開創第一家烘焙屋以來，12年內我們已經在高雄、台北、新竹總共推出21個工作站（含烘焙屋、複合式餐廳、烘焙工場）、3處社區家園，成立社區學院，喜憨兒打擊樂團、喜憨兒劇團、喜憨兒童軍團，植栽工作隊，安置了四百餘位成年心智障礙者的工作與照顧，每年更提供數以萬計的諮詢協助，個案管理及喘息服務，建立了首創的公益連鎖系統，也創造了嶄新的公益品牌。

表一：社會事業光譜

社會事業化程度		純慈善性質		純商業性質
動機、方法、目標		訴諸善心 使命導向 社會價值	兩者兼具 使命與市場並重 社會與經濟價值並重	訴諸個人利益 市場導向 經濟價值
主要利害關係人	受益人	免費	補助價格，或服務對象有付全額、有的免費	按市場費率付費
	資金	捐款與補助金	資金成本低市價，或捐款與成本比照市場行情的資金兼具	按資本市場費率負擔
	員工	志工	付低於市場行情的工資，或同時有義工與支全薪的員工	按勞動市場給薪
	供應商	捐贈物品	特殊折扣，或物品捐贈與全額捐款皆有	按市價收費

資料來源：Dees, J. Gregory (1998)

表二：非營利組織產業化模式分析表

	基金會	福利商店	特例子公司	公司
◎資金	小	<	<	大
◎社會使命	高	>	>	低
◎管理能力	弱	<	<	強
◎志工參與	多	>	>	少
◎賦稅	免稅	免所得稅	課稅	課稅

我們歷經了1999年921大地震後,捐款流向災區的重大衝擊,也度過2000年景氣下滑的震撼,以及2001年911恐怖攻擊造成全球性的經濟恐慌與萎縮,牽動的是政府財政的困境,補助捉襟見肘,失業率大幅攀升,民間百業趨廢,自顧不暇,捐款也急速探底。在這多事之秋與嚴苛的外在環境的打擊之下,喜憨兒基金會仍保持著穩定的年成長率在成長茁壯,如圖二所示。

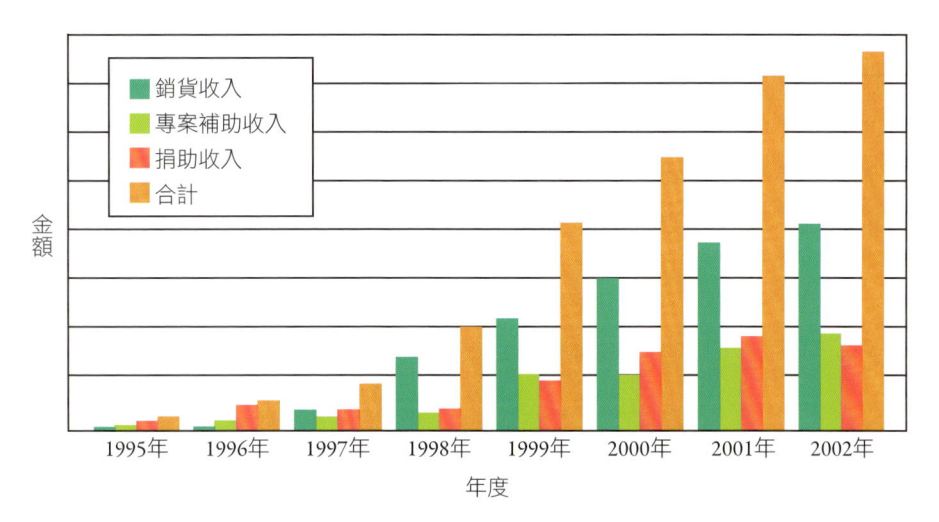

圖二:喜憨兒基金會1995~2002收入成長圖

我們經常把組織的型態定義成公部門（政府部門）、私部門（企業部門）及第三部門（社會部門）,在其功能與本質上確實劃分得很清楚。然而,構成組織最重要的基本要素——「人」,以捐贈者、追隨者、家長的身分出現在第三部門,卻同時會以股東、僱主、僱員的角色出現在第二部門,甚至以官員、公務員的態勢出現在第一部門。人就是這樣很自由的穿梭在各部門之間,再說,各部門共同解決問題

的方法與工具也只有一套相同的管理系統，協助處理問題的基礎設施，如電腦化同樣地運用在三個部門裡，從這一個觀點切入，三個部門的範疇間並沒有很明顯的界限。所以，企業化運用在公益性的非營利組織上是很自然的一件事，只是要掌握住非營利組織的二個原則：一、不得分配盈餘的限制，二、利益不得歸自然人的限制。

建構第三部門的管理體系

管理大師彼得・杜拉克曾說過：「非營利組織比營利組織更需要管理。」以往的非營利組織經常是接受多少捐助，就做多少事，沒有什麼競爭壓力，也沒有效率的概念，因此管理制度引入第三部門是絕對必要的。喜憨兒基金會訂定出一系列的目標策略層級，從使命、願景、目標、策略規劃及行動方案，提綱挈領的由上往下推展。

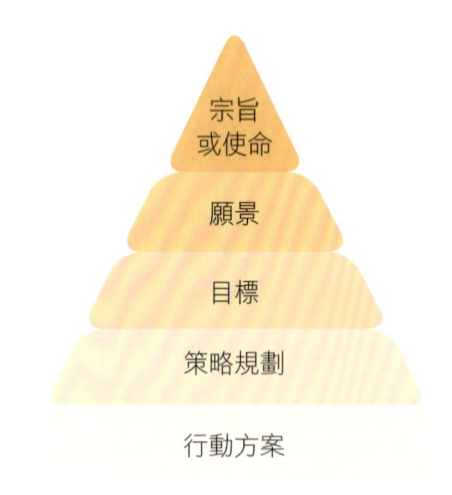

- 使命（Mission）：組織存在的理由。
- 願景（Vision）：組織發展的方向。
- 目標（Objectives）：組織追求的明確成果。
- 策略（Strategy）：達標的不同選擇。
- 行動方案（Action Plan）：達標的最佳執行方法。

圖三：目標策略的層級

藉著在1997年4月14日，美國花旗銀行集團（CITI-CORP）總裁 Mr. Paul M. Ostergard 與台灣花旗銀行王副總裁、蕭經理參觀訪問初開幕不久的喜憨兒烘焙屋時，利用製作簡報的機會，整理出喜憨兒基金會的一些組織觀念，以供組織內企劃、執行的所有工作同仁及會員家長們，都能了解到組織存在的理由、日後發展的方向及我們經營的理念。

一、我們的使命：以愛與關懷化解障礙，啟發憨兒的潛能回歸社會主流，並享有生命的尊嚴與喜悅。簡言之「改造憨兒生命」。
二、我們的願景：心智障礙者的終生教育及在社區中獲得終生照顧。
三、我們的經營理念：

　　1. 愛心：心智障礙只是生命裡一部分的殘缺，用父母、社會及政府的愛心，關懷與支持，必可化解所有的障礙。
　　2. 專業：藉由專業的職業復健及專業的工作指導，改善憨兒的智能與體能，提升工作能力，倡導自力更生，融入社會服務。
　　3. 人性化：以人性為出發點，使心智障礙者能獲得正常化的回歸主流，能受到社區化的關愛，反對缺乏愛心的集中式、孤立化管教。

此外，我們也將管理五大功能：生產、銷售、研發、人資及財務架構在喜憨兒基金會的社會福利部門及事業部門上，期使基金會的運作穩健，更能永續經營。

第二部門常用的品管概念，目標管理，績效評核及客戶滿意度調查等，在喜憨兒基金會的經營管理上隨處可見，我們追求的就是品

質、效率與創新。

當花旗銀行集團總裁Mr. Ostergard來訪的時候，喜憨兒基金會成立不滿二年，還沒沒無聞，第一家喜憨兒烘焙屋也才成立二個月，當他看到我們的簡報能將第二部門常用到的手法，有系統的將組織從使命的定義、願景的規劃、目標的訂定、策略的運用到行動方案的推展，有條不紊的呈現在Power Point上，他很訝異，因為他在其他受訪單位中看不到這一些，也因此，花旗銀行選擇了剛成立不到二年的喜憨兒基金會作為花旗長期的公益夥伴，傾花旗銀行之力，為喜憨兒發行贊助比例千分之三點五，全國最高的喜憨兒公益認同卡。因為Mr. Ostergard看到了喜憨兒基金會融合了第二部門與第三部門的管理精髓，他也看到喜憨兒基金會的未來。

變遷環境下的3C策略

價值的提升如圖四的價值供給金字塔，能給予憨兒的從一般物質往上提升至產品、服務、體驗，到最上乘的轉變，這個價值才是最高頂點。2002年得到外交部NPO赴海外考察的贊助，花了二個多月時間，到美國考察加州的心智障礙者的福利制度與設施，訪問了二十餘單位，包括NPO機構、政府單位、學校、家長團體、協會、媒體等，看到了美國政府對心智障礙者無微不至的照顧與服務，美國政府每年花費約比台灣多出43倍的金錢在照顧心智障礙者，為他們買服務，但是當他們聽到喜憨兒自力更生的作法，每個受訪者都讚嘆不已，都認為心智障礙者在美國受到很好的照顧，但是並沒有得到社會

應有的尊重,如果從價值金字塔來看,他們只做到第三階的服務,而台灣的喜憨兒已達到最高階的轉變。

　　喜憨兒成長的軌跡與歷程,如圖五所示,可分成Care、Can、Change三階段。是由家長的渴望或夢想作為原動力,為關懷照顧自己的憨兒,一起來照顧大家的憨兒而結合在一起,激發出共同的理念,並奠定改造憨兒的神聖使命,這一階段就是關懷與照顧(Care)的範疇;進一步,我們有能力來成立組織,強化使命,規劃願景,設定目標,引入管理制度來規劃,這一階段就要靠專業人才,也就是有能力(Can)來完成;最後,從設定目標到執行方案的落實,直到完成創造價值、改造生命,這階段真正要走的就是一個巨大的改變(Change),徹底的改造,也因此達成了最初的渴望與夢想。

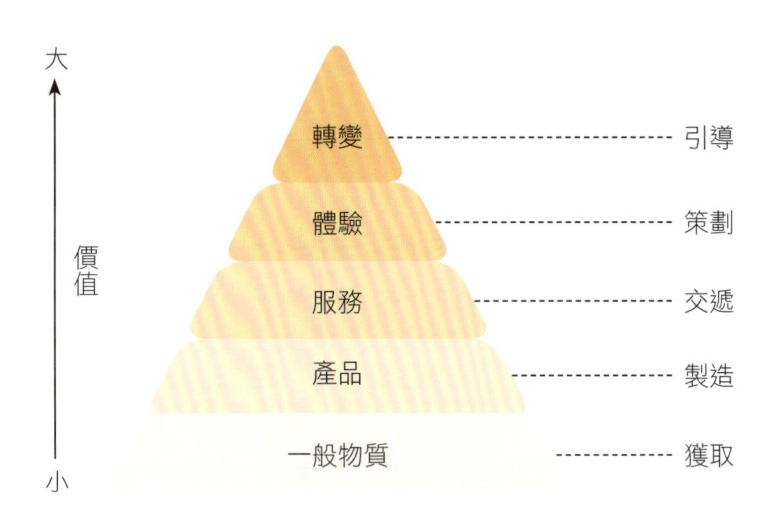

價值		
轉變	-------	引導
體驗	-------	策劃
服務	-------	交遞
產品	-------	製造
一般物質	-------	獲取

圖四:價值金字塔

圖五：喜憨兒的3C成長軌跡

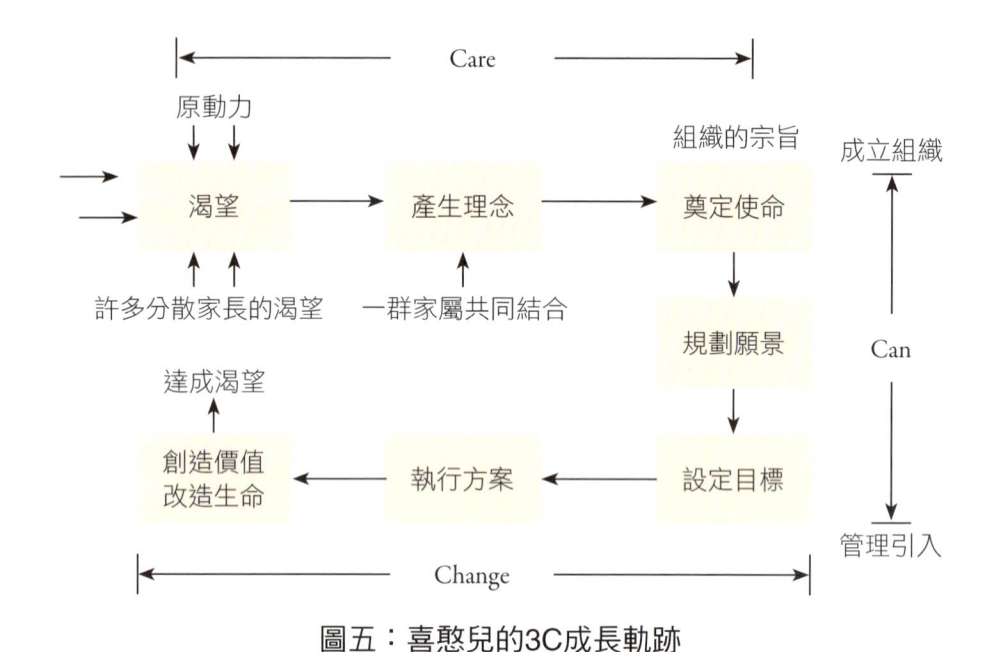

整個過程實際上就是照顧Care、能力Can、改變Change的一連貫成長軌跡與歷程。改變是我們最終的宿命，而歷程中我們也是在變化莫測的環境裡，為憨兒走出一條康莊大道。畢竟我們正處於管理大師彼得‧杜拉克所稱的「巨變的時代」。

一、Care（關懷照顧）

當初家長們殷切的渴望政府、社會能助一臂之力，解決憨兒日後就學、就養、就業的種種問題，而外來的救助總是緩不濟急，姍姍來遲，這股殷切的渴望於是變成了一股澎湃的原動力，使這群原本分散的家長自力救濟，凝聚在一起，激發出共同理念，奠定了為憨兒的尊

嚴與喜悅一起奮鬥和努力的使命。這一階段的發展源自家長的關懷與照顧，能深入問題核心，徹底思考挖掘問題，並尋求解決的途徑。

二、Can（能力）

為了實現使命，推展理念，必須成立組織規劃進一步的願景，為憨兒策劃出終身教育、終身照顧的發展方向，並設立目標去實現，這一階段則有賴更有能力、更專業的人士來成立組織，引入管理制度，才能達到規劃的效能及目標。

三、Change（改變）

目標設定之後，必須透過各種行動方案去努力推展，克服所有困難，排除各種障礙，來達成改造生命、創造價值的最終使命，由於喜憨兒自力更生，創造出社會價值，自然獲得社會的肯定與接納，融入社會主流，結果不但改變了憨兒的自我形象，也改變了社會的價值觀，不再鄙視、排拒這群挑戰命運的小勇士，反而以無比的愛心擁抱喜憨兒。

自力更生，自助者天助

當初成立喜憨兒基金會時，我們覺得雖經營的是非營利事業，但總是應該有些項目是要能自我掌握的，不能凡事靠著外界的資助。因此我們在策略上有了事業部，也就是開辦了喜憨兒烘焙屋與餐廳的業務，一方面擴大憨兒們的工作領域，一方面增進其與社會大眾溝通交流的機會，期能社區化且回歸社會主流，另一方面也是希望自力更

生，自立自強。

只有自力更生，主動積極才能在與上帝下棋的局勢中，得到上天的幫助，也因此我們在風雨飄渺中能安然度過，一步一腳印的留下喜憨兒努力的足跡。社團法人的家長協會是如此蛻變為財團法人的基金會：

一、擴大服務，爭取資源：

1992年我們成立了社團法人高雄市智障者福利促進會（在2001年已經去類別化改名為社團法人調色板協會），為了擴大服務爭取更多的資源支持，在1995年募集基金新台幣500萬元，成立財團法人喜憨兒文教基金會。

二、憨兒角色轉換的挑戰：

1997年為推展自力更生的照顧理念，成立第一家喜憨兒烘焙屋，也改造了憨兒的生命角色。

- 從社會的負擔，轉變成社會價值的創造者。
- 從被服務者變成服務大眾的服務者。
- 從負面、消極、悲觀、病態轉換成正面、積極、樂觀、健康活潑的孩子。

三、打破傳統，逆向操作：

由於憨兒自立自強的理念創新，1997年即獲得世界級菁英企業花旗銀行的肯定與支持，而且逆向由高雄母體的基金會往台北發展，也

得到社會更多的認同與肯定。

四、地方性服務轉變成全國性照顧體系：

2001年為擴大服務，照顧更多的憨兒，改隸內政部成為全國性喜憨兒社會福利基金會，並同時在新竹地區成立照顧中心及喜憨兒烘焙屋、餐廳及烘焙工場。

五、開創NPO連鎖服務的範疇：

目前全國有21家喜憨兒烘焙屋及餐廳，已成為全國連鎖的自力更生服務體系，並設有一處社區家園，提供憨兒住宿服務。另有打擊樂團與劇團，提供憨兒休閒娛樂及延伸才藝觸角。

喜憨兒基金會產業化之經營態式

喜憨兒基金會憑藉著新典範、新價值，及核心能力三種經營模式，在多元化變異的環境裡追求卓越，開啟喜憨兒未來之門。

一、典範轉移（Paradigm Shift）

「典範是一套規則或規定，它界定了人們思考及行為的疆界，並指出如何在這領域裡獲得成功。而典範轉移就是一種新規則、新觀念、新賽局的開始，它明確的指出環境變遷的方向與路徑。」

喜憨兒基金會為增進憨兒福祉，在社會變遷的情境中，全心全意的照顧喜憨兒，而訂定了為喜憨兒改造生命、創造生命喜悅的使命；終生教育、終生照顧的全方位願景；以及愛心、專業、人性化的經營

理念，在在都融入自力更生、積極進取、管理績效、回歸主流的新觀念與新原則，這些全新理念與新典範轉移的策略觀點，不謀而合。我們正隨著新典範曲線在形成、在成長、在茁壯，藉著新典範的指引，使我們不致在變局中迷失方向，使我們脫胎換骨，使我們昂首闊步，奔向光明璀璨的未來。

二、核心能力（Core Competence）

核心能力是一個組織具備一流且出類拔萃的技能，並能長期維持優勢，可以創造嶄新的價值，以及能夠將此能力納入價值體系之中，所以核心能力，是組織在未來複雜多變的社會型態中生存的基本要素，追求卓越、不斷領先，也是組織永續經營的不二法門。詳參表三。

執全球策略優勢牛耳的麥可‧波特指出創造策略優勢的兩大要素是：一、產品差異化，二、降低成本。而喜憨兒基金會在超競爭的環境下，無論是烘焙產品或是餐點都具有特殊的「純真」體驗，也都可創造出產品的差異化──愛心的融入，這是同一品質、同一價格的其他產品所缺乏的。

另外，我們也不斷擴大營運範疇，由純烘焙轉型至烘焙餐廳，除了提供憨兒更多的工作服務之外，也能讓憨兒更直接的接觸社會大眾、服務社群，因而獲得肯定與關懷。

表三：喜憨兒基金會的核心能力

評估項目	高階洞察力	基層執行能力
出類拔萃的技術	・設立烘焙屋及餐廳 ・優秀的經營團隊	・提供「純真」的體驗行銷
長期維持的優勢	・喜憨兒保有純真是獨特的核心資產 ・2%人口比例也是稀有資產	・產品，服務差異化 ・融入愛心，是一般商品所望塵莫及的
創造新價值	・建構使命在於：點化人生，改造生命的最高價值境界	・協助喜憨兒自力更生 ・創造社會價值
可納入價值體系	・轉化無形理念變成的有形產品且可納入價值鏈	・推廣憨兒自立自強理念獲得社高度肯定的認同 ・徹底改變心智障礙者形象

三、創新價值（Innovalue）

　　以往社會大眾對智障者的形象是相當負面、悲觀、消極、悲情，懷著的是悲憫與同情之心，看待這一群似乎毫無社會價值、沒有社會貢獻，正在消耗社會資源的邊緣人。一個嶄新自力更生的理念讓我們改變了智障者的價值觀，也改造了憨兒的生命，從被服務者轉變為服務者，我們逐漸將這一群只占人口比例2%的稀世珍寶精雕細琢，恢復他們「永恆純真」的一面。而我們塑造出喜憨兒的新形象，那是正面、樂觀、積極、健康與喜悅，我們也看到社會大眾抱持著肯定與關懷的心境在牽引著一群快樂的憨兒，他們正努力認真的服務社會，回歸主流，贏回失落的生命尊嚴。

如圖六，喜憨兒的價值體系是結合傳統第二部門營利體系的價值鏈與NPO的價值鏈，營利體系的價值鏈是由NPO價值鏈主活動之運作環節引出的體系，當其達成目標盈餘後，仍需回歸至NPO價值鏈的資源INPUT，直到最後達成NPO價值鏈的目標，提升生命價值。

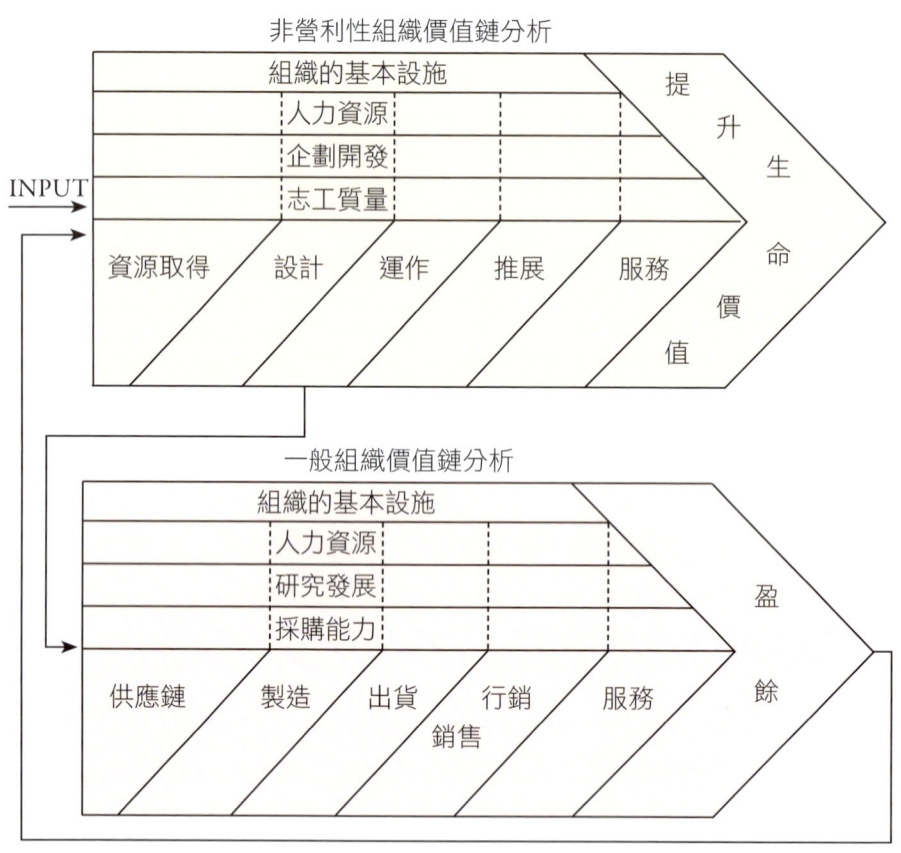

非營利性組織價值鏈分析

組織的基本設施					提升生命價值
	人力資源				
	企劃開發				
	志工質量				
資源取得	設計	運作	推展	服務	

INPUT →

一般組織價值鏈分析

組織的基本設施					盈餘
	人力資源				
	研究發展				
	採購能力				
供應鏈	製造	出貨	行銷銷售	服務	

資料來源：本圖下段之分析源自邁可・波特《競爭優勢》

圖六：喜憨兒基金會價值鏈

四、喜憨兒模式的特色

社會福利事業收入占50~55%,餘為政府補助與捐款收入(約各占20～25%),所以能達到5倍的槓桿效益,減少社會資源負擔。

以烘焙屋餐廳之不斷創新與調適,達到競爭上的優勢:你無我有,你有我優;你優我廉,你廉我轉。

使命具體化、產品使命化來達成社會使命,麵包價值雖不高,但卻是社會上消費者的每日必需品,很容易切入社會大眾的家庭與個人心裡得到迴響,接受肯定與包容。

還有一點,即社區化:給他魚,不如給他釣竿教他釣魚,更重要的是要帶他到有魚的地方。學校、家裡、教養院裡都沒魚,魚在社區裡、在群眾裡、在社會裡。只有融入社區,回歸社會主流,以自立自強的方式,提供創業職訓機會才能實踐社會使命。

動態的管理功能

喜憨兒基金會組織發展,自始奉循著使命,追隨著願景來訂定目標、規劃策略,並推動執行方案,朝向自立自強、自力更生的理念向前邁進,這是組織事業化必經之途。所以,管理上我們也一樣要透過「產、銷、人、發、財」五大管理功能來達到我們的目標,完成我們的使命。

在變遷的環境裡,我們的管理功能,不能是坐在屋裡閉門造車、靜觀其變;我們應該像是在大風大浪中的船上,在起伏不斷的波濤

中,在千變萬化的變局中,當機立斷、決策運籌。所以我們管理的功能也是動態的,就是要因應變局。

一、生產——從核心能力到創造價值

喜憨兒基金會開創以自力更生的核心能力,將理念產品化,化無形的理念為有形的產品,並將產品使命化,創造社會價值,改造憨兒的生命。

二、行銷——從真情時刻到體驗行銷

憨兒的認真與純真是上帝賜予,停留在他們身上永恆的禮物,百分之二的稀有性,使憨兒的優勢永遠彌足珍貴。客人從第一眼的真情時刻,可發展到體驗行銷,讓客人超乎期望,永遠留下拾回純真的珍貴回憶。

三、人力資源——從組織磁場到優勢團隊

基金會的使命、願景、價值觀與理念是組織強大的磁場,綿密羅織的磁力線,吸引了志同道合的夥伴們,形成優勢專業團隊,一同為著使命開創新典範、成就改造新生命的推手。

四、研究發展——從創新典範到領先卓越

組織的研發在於開創憨兒的未來,為憨兒彩繪出絢燦的願景,因此在多元變動的環境中,必須依據新典範曲線,設計與規劃新的條件與規則,保持領先優勢,開拓卓越的遠見與願景。

五、財務──從創造資源到永續經營

喜憨兒基金會的資源有50%以上是靠自力更生，僅40餘%是操之在人手上的資源，財務自主性大，因此我們會走得較自在，不會局限於太多外部環境的影響，這也是永續經營的重要原則。

改變價值觀的經營績效

喜憨兒基金會經過這幾年來兢兢業業的努力經營，從無到有、從小到大，在在都是從夾縫中冒出頭，在變遷的局勢中力爭上游，我們開發的也是人跡罕至的園地，我們的果實當然也與眾不同，我們在多元變局中開發出多項創舉，我們也在變遷的世界裡改變社會的價值觀。

一、改變社會大眾對憨兒價值觀，從耗費社會資源者，變成社會資源創造者。這種社會角色的轉變非常難能可貴。

二、改變社會對智障者負面的印象、稱呼，從傻瓜、白癡、智障者等負面形象，突然暱稱為喜憨兒，是積極、可愛、喜悅、健康，誠如陳水扁總統在2002年12月，總統官邸首度開放參觀時，向喜憨兒勉勵提到令人「甘心」（感動）的一群。

三、改變傳統NPO只靠募款與政府專案補助的經營方式，注入第二部門的經營管理，開創自力更生的社會企業理念，減輕社會與政府的負擔。

四、改變傳統公益組織為善不欲人知的觀念，自創品牌、優質的服務也鞏固了喜憨兒基金會的聲譽與責信。

五、改變公益組織局限一方的態勢，創立公益連鎖系統，目前在高雄、台北、新竹共有21個工作站（烘焙屋、餐廳及烘焙工場），並設有社區家園，喜憨兒童軍團、打擊樂團及劇團，還設立喜憨兒社區學院以達成終身教育的願景，為了老憨兒的終身照護，喜憨兒農場也在規劃中。

所以當有些傳統非營利組織對捐款者大聲疾呼：「我們的需求在這裡」的同時，典範轉移的非營利組織卻說：「這裡呈現的是我們的成果，這是我們為社會所做的貢獻。」

當有些公益團體正千呼萬喚的說：「我們要服務○○人數的身心障礙者，請多多贊助」的同時，喜憨兒基會輔導成功的喜憨兒則驕傲的說：「至2006年底，我們已經服務了660萬人次的消費者。」

NPO產業化的挑戰與建言

一、管理的引入是無可或缺的

管理可以改造生命，愛心只能尊重生命。1980年代台灣經濟起飛，創造經濟奇蹟的一批管理者經驗豐富已屆退休，是推動第三部門產業化的不二人選。

二、NPO產業化是未來的新趨勢

產業化提供第三部門NPO相當務實的做法，開創就業機會，增進財務自主、減少社會資源負擔、提升人性的自我尊嚴。

三、NPO產業化的成功關鍵因素（Key Successful Factor）

品牌行銷，優良的責信與健全的管理體系對NPO產業化有乘數效果（Synergistic Effect）是產業化的KSF。

參考文獻：

1. "Directory of 300 Major Foundations in Taiwan" (2001), Himalaya Foundation
2. J.B.喜拉姆（2003）12月21日《中國時報》。
3. Dees J.G (1998) "Enterprising Nonprofits", Harvard Business Review, Jan-Feb.
4. Dees J.G (1998) "Enterprising Nonprofits", Toolkit for Social Entrepreneurs, New York, John Wiley & Sons, Inc.
5. 涂瑞德，「美國社會企業發展現況」（2002）台灣亞洲基金會 e-NPO捐募電子報第5-7期。
6. 邁可‧彼特（1999）《競爭優勢》，李明軒、邱如美譯，天下文化。
7. 吳思華（1996）《策略九說》，麥田出版社。
8. 喬‧巴克（1993）《未來優勢》，徐聯恩譯，長河出版社。
9. 彼得‧杜拉克著（1998）《巨變時代的管理》，周文祥、慕心譯，中天出版社。
10. 彼得‧杜拉克著（1994）《非營利機構經營之道》，余佩珊譯，遠流出版社。

2010年　憨喜農場動土祝禱文

　　上蒼垂愛，憨我憨兒。在此時──中華民國97年7月16日午時；在此地──台灣高雄縣旗山鎮南勝里得勝巷磅磘坑623地號，時空與喜憨兒結合，天地人三合因緣俱足，上天為喜憨兒彩繪絢燦的蒼穹；山川為憨兒敲擊出完美的樂章；憨兒世路多舛，上蒼悲憨，終能諸緣和合覓得洞天福地，免於顛沛流離。

　　上蒼垂愛，惠我憨兒。祈得良辰吉日，福田吉地，動土興建憨喜農場，庇護喜憨兒，滅斷一切煩惱，度脫一切苦厄，期許憨兒一生一世離苦得樂，轉染更淨，永遠得到尊嚴、喜悅與照顧。

上蒼垂愛，祐我憨兒。在此瞬間，剎那化為永恆，點燃無盡燈，冥者皆明，明終不盡。在此福地，桑田轉為淨土，觀心自在，無所罣礙，五蘊皆空。我等寄蜉蝣於天地，渺滄海之一粟，只是天地之逆旅，百代之過客，唯我憨喜農場，庇祐憨兒，千秋萬世，點化人心。

　　上蒼垂愛，惜我憨兒。山不在高，有仙則名；水不在深，有龍則靈。喜憨兒在憨喜農場，融入土水火風、金石草木，回歸天地，為寂靜的田園，帶來無限的純真、歡笑與喜樂，曖曖之光，可鑑青史，可昭日月。

　　感謝皇天后土、山神土地、諸神祇、地基主、官將兄弟，降萬福、保平安、致祥和，祈禱一切如意、一切順利、一切成功、一切圓滿。

2012年　天鵝堡傳奇

天長地久，天地所以能長且久者，以其不自生，故能長生。

《老子·第七章·天長地久》

天鵝翱翔在天際，純真聖潔、誠摯婉約、寧靜而無遠弗屆。我們的喜憨兒們，就像天鵝一般的存在著，上天帶來的恩典，交織著變奏的樂章，只有在悲喜與得失之間找到我們的抉擇。

當我們選定了任重道遠、無怨無悔時，我們也找到了愛的真諦，那是無私無我的取捨，點醒了我們的迷思，也教導了群眾。喜樂可以遠離苦難，空無一物反而可以承接萬物，愛心可解除束縛我們的障礙，歡喜得以化解憂愁。匯集各種善因，實踐真正愛心，順從萬物的道理，蓄積無盡福德，就是善與財。

上天引導我們立下宏願，天鵝堡巍巍矗立，已經兌現了一生一世的承諾，願上天保佑我們的喜憨兒們，五百年，不受風吹、不受日曬、不受雨淋，自立自強，還要掙回尊嚴與喜悅，在這裡平平安安歡度一生。

其實，自己擁有的土地並不大，只有約800坪，再加上家族成員的地合計也不過2,000餘坪，但這塊地自民國77年以來並未妥善開發，一直在等待時機，2005年因六六事件的衝擊，為展現更大的決心捍衛憨兒，在2006年毅然決然的將土地分割出來，並變更為目的事業用地，捐贈給喜憨兒基金會，倒也突破了基金會不能買賣農地之限

制。只要無私，一切都來得那麼地自然平順，但也花了3年在地目的變更、水土保持之推展上。

興建天鵝堡初期，大家都認為只是說說而已，誰也不會認真去看待這件事，直到一磚一瓦慢慢堆砌起來，大家看到了屋型，才漸漸引起注目，許多人偷偷地去看了好幾次，一傳十、十傳百，漸漸的大家都愈看愈有信心，愈看愈滿意。究竟是什麼力量推動著我們在做這件事？我想憨兒們迫切的需求和不服輸，讓我們的使命不曾停歇下來，點滴捐輸，為我們在天鵝堡的推展上不斷精進，而憨兒們不停的提醒我們要住城堡，迫切性更是聲聲呼喚著，讓我們不敢懈怠、全力以赴。

天鵝堡是一座地下一層、地上六層，加上三層屋突，總共30.6公尺高的城堡形建築，因為限建關係，天鵝脖子被壓縮到總高30.6公尺，是一大憾事，唯瑕不掩瑜，仍是雄偉壯秀。建構中仍不免有土地整合的問題，如何化解居民抗爭，將鄰避現象（NIMBY）轉變成迎臂現象（YIMBY），我們先蓋農場的策略奏效了。接下來是如何把資源整合起來，光是建築本體初估約為1億元，實際建築師估價達1.25億元，連同設施設備1.5億是跑不掉的。感謝老天，我們在金融風暴與物價高漲的狹縫中安然度過，也成就了最少的花費，達到最大的效果。在謝天的過程，我們深深覺得心境上從捨到得、從悲轉喜，帶給我們無盡的圓融與自在。

我們把五覺——嗅覺、味覺、觸覺、聽覺、視覺，融入在農場的活動中，讓喜憨兒們從五覺中增進生命的修練，並從不斷的增強中創

造更美好的生活，使生命有陽光、空氣、水的陶冶；生活有花草、樹木的陪伴。此外，我們也加入了心靈覺，在天鵝堡的最頂樓即六樓，枯山水的造景多了一份禪思，空的境界，也讓大家體會到四大皆空，空即是色，色即是空的隱意。

　　天鵝堡的完成總共可容納99位住民，包括11名日間托育與88名長照型。除了一樓有畫廊的規劃，也有一小小的接待室、辦公室、福利商店、多功能教室一應俱全，而福利餐廳也可隔間成為簡報室。在二樓，主要是員工餐廳、音樂教室及重度學員的房間，每2～4人有一房間，每6～8人有一間起居室，每間起居室都會架設Skype，創新的網路交流，讓學員能隨時與家庭對話，看到視訊影像，生命不再孤寂。三樓是部分極重度的房間，有16床位，設有全臥式電動浴床、保健室、醫務室、調膳室及寬敞的復健室。四樓是中度與重度房間，中度房有8間，重度房有4間，總計40人，每間起居室同樣配備Skype視訊系統，並設置圖書室一間。五樓是多功能活動中心，可容納百人的禮堂，也能變身為互動式感官中心、體能中心等功能及洗衣間、親子房。六樓是禪境的枯山水，一砂一世界，一石一洞天，及二間多功能教室與親子房等。凡此林林總總，麻雀雖小卻五臟俱全。

　　有關天鵝堡興建大事記摘錄如下：

1. 捐出旗山嶺口喜憨兒農場用地約800坪，連同家族捐出10年無償使用面積約2,000餘坪。2006年6月完成土地捐贈同意書法院公證。

2. 2007年取得高雄縣政府同意籌設公文。
3. 2007年9月完成水保計畫和雜項執照及建照執照申請。
4. 2008年7月憨喜農場動土。
5. 2009年1月憨喜農場完工驗收，並於同年3月進行啟用典禮。
6. 2009年4月天鵝堡申請內政部經費補助，同年8月收到綠建築候選證書。
7. 2010年1月取得天鵝堡建照執照。並於6月與內政部簽訂天鵝堡契約書。
8. 2010年8月天鵝堡興建工程上網發包，9月正式公告由萬田營造得標。
9. 2010年10月天鵝堡舉行動土典禮。
10. 2011年1月天鵝堡工地現場開挖。
11. 2012年5月天鵝堡設施設備工程向內政部提出申請。
12. 2012年6月預定天鵝堡主體工程完工。

謹以「天鵝頌」祝禱喜憨兒在此離苦得樂，轉染更淨！

天鵝頌

聖潔的靈魂，純真的覺知，誠摯的舉止，寧靜而致遠。
上蒼的恩典，父母的寶貝，折翼的天使，交織變奏的樂章。
你我相遇在悲喜交集之處，在得失抉擇之時。

點醒社會，教化蒼生，無私無我，愛的真諦。
以樂離苦，以空納有，以愛解障，以喜化憂。
諸善匯集，實踐真愛，解心順理，積德無盡。

啟發誓願，化作天鵝堡，兌現永恆的承諾。
佑我天兒，五百年，不受風吹，不受日曬，不受雨淋。
自立自強，掙回尊嚴，平安在此，歡喜一生。

2013年　照顧服務的價值觀

當你面對一位這樣的孩子，那是一個夢魘，那是一場災難；
但當你面對一群這樣的孩子，那是一項使命，那是一番事業。

沒有人性的照顧與關懷，社會的發展就失去意義，人類的生命也會缺乏本質。而價值觀，正是賦於人們對社會正向推進持續的原動力。哈佛大學馬友（Prof. Mayo）教授，對社會間之人群關係提出了「服務」的理念，那是一種謙卑、無私、尊重、忍耐、感恩與以身作則的行為，其表現出來的特質與馬斯洛提出五大需求階層最高階的自我實現的表現不謀而合。

馬斯洛對「自我實現者」的定義是：「相對於一般人，自我實現者是一種更具有洞察力、創造力、自主性，更能接納自己、他人與自然，更不怕未知事務與威權，不自我中心，更具有民主的性格結構的人。而且毫無例外的，他們都是專心致志地獻身於一項身外事業的人。他們做這件事，也喜愛這件事，因此，工作與歡樂的分歧，在他們身上已消失不見。」

然而，人們在貧窮與富裕、理性與感性、悲哀與歡喜、失去與獲得，甚至聰明與憨厚之間的抉擇往往相互矛盾，因而失去了價值觀，也因此常陷入了弔詭的迷思中。

貧窮與富裕

「我很富有，不是因為我擁有很多，而是我的需求很少。」所以

富有與貧窮不是絕對的，而是相對的，財物富裕的人在某方面可能窮得一無所有，而窮苦的人在某一方面卻又擁有很多。在法國以馬內利修女曾寫了一本書叫《貧窮的富裕》，她舉出在非洲許多撿破爛的窮人們，安然自在，活在快樂美滿的世界裡，但是歐洲的富人們，天天在算計別人、累積財富、計較得失，卻換到了蓋頂而來的憂慮與煩惱，無法得到快樂。當一個在非洲行善的醫生收到從歐洲寄來捐贈給窮人使用的物品，發現是鎮定劑時，他哈哈大笑地說：「貧民窟有誰需要這東西？這是給歐洲高貴人士用的！」這是多麼諷刺的一件事。

老子說過：「聖人不積，既以為人，己愈有；既以與人，己愈多。」這種行為從理性的觀點，沒人能懂；又豈是加減乘除的算術能算得準的呢？真正快樂而且獲得很多的是那種為人服務、贈與造福他人而不累積財富的人，因為這種人有服務與照顧的人生觀，時常因知足而感到快樂，因助人而感到富有，當生命的思維變得簡單純真時，無私無我也就超然而生，使你的生命豐富而喜悅。

悲哀與歡喜

生命的意義與價值，到底在哪裡？有一句印第安人的名言一語道盡：「人一出世，本人哀啼，眾人歡喜；要是一生行善，他日辭世，眾人哀啼，本人喜歡。」這是多麼貼切的一段話，為悲與喜下了最佳的註解。

有一年暑假到西雅圖一遊，才知道西雅圖是以一位偉大的印第安老酋長的名字來命名的。在1850年美國政府向西岸的西雅圖酋長提出

要收購印地安人的土地時，高瞻遠矚的西雅圖酋長手指著天空講出了著名的〈心靈宣言〉（Chief Seattle's Vision）：「空氣是不能賣的！你們怎麼能夠買賣蔚藍的天空、溫柔的大地、與奔馳的羚羊？如果空氣的清新與水的漣漪並不屬於我們所有，我們怎麼能賣給你們？當野牛已死盡，你們怎能再把牠買回來？」

在這一段發人深省的演說中，他真摯地呼籲與懇求：人與人、人與土地應該和諧共處。賣土地固然可以獲得財富與金錢，也許可以買到一時的歡樂，但是有一天當空氣不再清新、湖水不再碧綠，野牛羚羊不再在大地上奔馳時，那才是真正永遠的悲哀。歡喜做、甘願受就會心生喜悅而不會感到痛苦與悲哀，這正是NPO應該做到的。

失去與獲得

有人說：「當一位社會工作者應該像蟑螂一樣，哪裡黑暗就往哪裡鑽。我不入地獄，誰入地獄。」說的容易，做起來可難囉！因為學習蟑螂，你必須處眾人之所惡，利萬物而不爭，可是你獲得了什麼？英國有一首民謠叫〈John Barleycorn〉，歌中描述著約翰先生（Sir John）的一生，故事大致敘述著：

「有三個聖人來自西方，這三個先知預言約翰先生將死，而且會死得很慘，他將被犁過、耙過，被人把泥塊丟在他頭上，然後把他丟在地上好一段時光，直到雨點滴在他身上，然後小約翰從他的頭上迸出，有人拿著銳利的鐮刀砍斷他的腳，緊緊地捆住他的腰，並且野蠻的對待他，然後用農叉刺入他的心臟，又把他在田野裡翻來覆去，最

後被送進穀倉中。在裡頭他們再度鞭打他，打得皮破骨露，最悲慘的是他被送進二塊石磨中給活生生的磨過，靜靜地躺在粗碗中，見證了他對人們的貢獻。沒有他水手吹不出號角，獵人無力去獵狐，鐵匠也無法修補鍋盆。」

這就是大麥哥（John Barleycorn）的一生，告訴我們生命的真諦與意義，悲壯痛苦的遭遇就在於成就自身的奉獻與服務，這就必須在得與失的鐘擺上做我們的抉擇。

聰明與憨直

蘇東坡在其〈洗兒詩〉中提到：「人皆養兒求聰明，我為聰明誤一生，唯願吾兒愚且魯，無災無難到公卿。」

誰不喜歡聰明伶俐？又有誰願意一輩子當喜憨兒？但是聰明反為聰明誤，聰明的孩子如果不學好，喜歡強出頭，容易受到物慾的引誘而葬送一生。反觀，憨憨厚厚的孩子不會學壞，出入有人呵護，一輩子陪在父母身邊，卻反而幸福，所以莊子說過：「無用之用是為大用。」他舉出樹因為木材質地不好，反而不受砍伐，而得以長成大樹，而安其天年；又舉出「意怠」這種鳥不搶著爭食，飛行時不居前，表現出柔弱的樣子，反而受到保護而減少了橫禍的發生。

稻草人與天鵝堡

三毛在《稻草人手記》的序言中寫著這麼一段話：「麥田已經快收割完了，農夫的孩子拉著稻草人的衣袖，說『來，我帶你回家去休

息吧！』稻草人望了望那一小片還在田裡的麥子，不放心的說『再守幾天吧，說不定鳥兒們還會來偷食呢！』孩子回去了，稻草人孤孤單單的守著麥田。

這時躲藏的麻雀成群的飛了回來，毫不害怕的停在稻草人的身上，他們吱吱喳喳的嘲笑著他！『這個傻瓜，還以為他真能守麥田呢？他不還是個不會動的草人罷了！』說完了，麻雀張狂的啄著草人的帽子，而這個稻草人，像沒有感覺似的，直直的張著自己枯瘦的手臂，眼睛望著那一片金黃色的麥田，當晚風拍打著他單薄的破衣時，竟露出那不變的微笑來。」

喜憨兒就是這麼地堅持與樂觀，即使被人欺凌、被人歧視，他還是露出那不變的微笑。正如喜憨兒Logo上的喜悅精神一樣的傳神，也因此我們在憨喜農場的CIS識別系統，就是選用稻草人作為日後農場的圖騰，這正是喜憨兒傲人的價值觀。也就是這種百折不撓的精神，讓我們一步一腳印建構了能使憨兒遮風避雨、快樂幸福的天鵝堡。

古羅馬大哲奧利里亞斯說過：「障礙乃是提供行動的驅策力。」障礙反而創造了人類的價值。

史帝芬葛瑞略也說：「人的一生只在世界停留一次，任何我們能為人類做到的或呈現的，讓我們盡快去做，不要延誤，因為我們不再會第二次回到這世界。」以我所有，視我所在，盡我所能，這就是NPO社會照顧的價值觀。

2014年　建構喜憨兒的幸福產業

生下一位多重障礙的女兒，原本是我一生最大的危機，當她唱出「世上只有爸爸好」，改變了我的一生，反而成了我生命的貴人，於是在1995年創立「喜憨兒基金會」，藉由創新思維、典範轉移，與卓越領先之策略，喜憨兒基金會與眾不同，在社會上已走出一條不一樣的創業路，並深深改變了社會。

創新思維，求新求變

以「喜憨兒」命名，改變身障者社會傳統悲情的形象，成為尊嚴、喜悅的憨兒，「喜憨兒」已成為智障者的代名詞。改變無形的理念，變成有形的產品，創辦喜憨兒自立自強的烘焙屋，使看不見的愛心更能感受到。「給他魚，不如教他釣魚，更重要的是帶他到有魚的地方。」

改造生命，創造價值

愛心可以讓我們尊重生命，Care、Can、Change的三C實踐過程，讓我們能改造憨兒生命，創造價值。

憨兒們從社會資源的消耗者變成創造者；也從被服務者變成服務者。角色的改變使憨兒能回歸社會主流。自力更生讓憨兒們自助天助，基金會也為社會開創一股從未被開發的經濟力量。

導入管理，樹立典範

將產、銷、人、發、財五大管理功能融入基金會，藉由計畫、組織、領導及控制四大程序來治理，發揮效率與效益，成長茁壯並永續發展。以墨子「兼相愛，交相利」的理念，顛覆傳統NPO不營利的觀念，把「利」認定為無私的公利，而追求極大化。

全台灣31處烘焙屋、餐廳及工場，率先導入POS、ERP系統，設立資料庫，並採用BSC績效評核，化策略為執行力。2013基金會的總收入為4.6億元，成長率約10%，事業收入占61%，政府補助14%，捐款25%。

開枝拓葉，造福憨兒

喜憨兒基金會20年來已設52服務據點，提供600位憨兒常態就業與教育訓練，及家園安置服務，每年更有百位憨兒轉介至就業市場。當同質公益團體在說：「我們照顧○○位智障者」的同時，喜憨兒們驕傲的說：「至2013年底，我們已服務過1,855萬人次的消費者。」

基金會秉持著「紅皇后效應」，不斷成長以嘉惠更多憨兒；「畢馬龍效應」雕塑優化憨兒；也藉由「蝴蝶效應」創立典範、帶動風潮，讓更多公益團體自立自強，更快速的照顧更多的憨兒。

組織文化，傳承永續

不斷整理基金會經驗出版書籍，藉以建立組織文化，分享他會並

傳承未來。

建立首隊台灣身障者童軍團，服務並回饋反哺社會。目前執行「送愛到部落」——一份愛心雙份感動的愛心活動。

建立喜憨兒樂團、劇團，藉由舞台療育，提升憨兒溝通、表達與團隊合作能力。2008年起迄今每年舉辦SEED社會企業國際研討會，邀請國內外社企專家分享經驗，累積國內社企的核心能力。

需求導向，彩繪未來

依據憨兒生命不同階段的需求，生老病死人生四部曲，逐步解決問題，達成開創生命尊嚴與喜悅的使命，也完成終生教育、終生照顧的願景。

從一心一意的孩子到全心全意的照顧：在生的階段，有烘焙屋、餐廳、烘焙工場，喜憨兒學院，社區家園；在老的階段，有喜憨兒憨喜農場、天鵝堡老憨兒照顧；在病的階段，有喜憨兒健康中心及未來的喜憨兒醫院之籌設。天鵝堡的落成啟用，使老憨兒得到終生的照顧與光合作用般的環境陶冶，也使家長獲得信心與希望，長期心頭的壓力與重擔終得卸下，離苦得樂，是喜憨兒幸福產業一項重大里程碑。

天鵝堡完工時曾在六樓心靈教室的門前提了一首對聯，抒發心境：右聯：「無私無我歡喜快活」，左聯：「有夢有愛幸福自在」。開幕當天台大57化工同學蔡澤生老友，為我與蕭老師捕捉到一幅笑得有如喜憨兒般燦爛無比的照片，李豐傳老友則為照片配上對聯，願天

鵝堡天長地久,平安歡喜,尊嚴自在,有圖為憑,有詩為證:

智慧生於煩惱,而用於煩惱;
榮耀來自夢想,也成就夢想。

2016年　戴上桂冠的喜憨兒

1995年當我們成立喜憨兒基金會前，我們曾經盤點過憨兒們最欠缺什麼？結論是：生命的尊嚴和喜悅。榮譽是喜憨兒的第二生命，尊嚴和喜悅是憨兒的榮譽，就像桂冠一樣，我們要設法讓憨兒戴上桂冠。所以我們就以「開創憨兒生命的尊嚴和喜悅」作為喜憨兒基金會的使命。然而生命的尊嚴和喜悅不會憑空而來，於是我們就設計出改造憨兒生命的具體作法：「自力更生」─從工作中開創價值，有了價值憨兒就具備競爭優勢，他們從烘焙、餐飲、農場服務中開創價值，也因此獲得社會的肯定與認同，終能回歸社會主流並得到尊嚴和喜悅。

21年來篳路藍縷，我們本著只要精神不滑坡，方法總比問題多的理念，不斷的改造憨兒生命，讓他們從被服務者變成服務者，從社會的邊緣人變成頭戴桂冠的勇者，從漂零的落花變成逆境成長的美麗花朵，愛心與榮譽是這一路走來的指南針：

大老的一句話讓我們自創資源

基金會成立之初要錢沒錢，要人沒人，好不容易爭取到一筆捐款，我去領獎時，某位大老當面跟我說：「為什麼要辦新會？為什麼不和友會合併？這樣做會分散資源！」大老的訓示提醒我們不分散資源，所以我們要自創資源，於是我們開設喜憨兒烘焙屋，自創藍海，遠離紅海，反而走出一條與眾不同的創業路。

憨兒流口水，誰敢買喜憨兒的麵包？

1997年在烘焙屋成立時，有位專家跟我說：「你們的烘焙屋不要開了，憨兒會流口水，誰敢買喜憨兒的麵包？」我說：「又不是只有憨兒會流口水，在台大圖書館裡，我也會流！而且大部分的憨兒都不會流，請勿汙衊憨兒。」所以我們就讓喜憨兒的商品通過ISO、HACCP的雙重認證，當兩、三年前台灣經歷食安風暴摧殘之際，許多名店的廠商紛紛中箭落馬，喜憨兒安然度過，ISO與HACCP是喜憨兒榮譽的保證。

憨兒怎會做麵包？可能是掛羊頭賣狗肉！

1998年當喜憨兒烘焙屋獲得花旗銀行全力贊助，不斷拓點時，我還聽到走過烘焙屋的路人嚷嚷著：「生意這麼好，憨兒會做麵包嗎？招牌還寫著『財團』法人，可能是掛羊頭賣狗肉的『財團』在欺騙社會。」為了捍衛喜憨兒的榮譽，於是我們推出「狀元計畫」，讓訓練好的喜憨兒們跟正常師傅一樣去接受政府的證照考驗。由於難度頗高，我們就當作考狀元般的重視，結果在2015年底，喜憨兒們拿到烘焙、餐飲、服務等證照共82張，真令人刮目相看。

六六事件，讓我們成為第一家通過全民檢驗的NPO

2005年10月5日四位台北市議員無端爆料基金會A錢，剝削喜憨兒，認為Enjoy台北餐廳賺很多錢沒分給憨兒，接著是媒體一片指責、撻伐。基金會採取以退為進的策略，把缺憾回歸天地，關閉竹北

喜憨30，笑容永續
一路溫柔堅持，走出嶄新未來

店，媒體又回過頭來指責議員讓憨兒失去照顧，無處可去，終而平息。而我們在2006年也失去Enjoy台北的經營權，十年後2015年10月5日Enjoy台北重新由喜憨兒經營開幕，台北市長柯P出席開幕典禮，見證喜憨兒重回舞台，這一天10月5日卻是柯P選的好日子，與六六事件同月同日。

瘦「兒」理論

　　2015年底《商業周刊》的記者訪問我，問我在台塑擔任顧問期間，喜憨兒的經營管理思維是否受到台塑文化的影響？我告訴記者一個台塑典範的故事──「瘦鵝理論」。經營之神王永慶年輕時養鵝，因沒錢買飼料，一隻鵝養了四個月，只有三、四斤重，而一般飼料鵝卻有五、六斤，後來他想出利用菜園裡的剩菜葉與他賣米剩下的碎米拌混當飼料，居然養出七、八斤重的鵝。所以他說：鵝瘦了，問題不在鵝本身，而是管理者管理不善。同樣的道理我說：喜憨兒照顧不好，變成「瘦兒」，是照顧者的問題，而不是喜憨兒本身的問題。

　　如果你認為一個心智障礙者什麼都不會，不給他機會、不給他工作，他真的一輩子什麼都不會；如果你認為他還是有能力，給他機會、給他工作，他真的就會成為戴上桂冠的喜憨兒，喜憨兒只會做簡單的事，但是簡單的事只要努力的做、認真的做，結果會很不簡單，喜憨兒正用愛成就不簡單。

2017年　老是顧人怨！？

某銀髮英語初級班學員問老師：「How are you? 是什麼意思？」老師回答：「照單字翻譯是：怎麼是你？」學員又問：「那How old are you? 怎麼翻？」老師答說：「怎麼老是你？」老人就是這樣，老是鎮塊（tìn-tè），老是棄嫌，老是顧人怨。

根據2016年1月內政部的人口統計，台灣年滿65歲的老人人口比例占12.58%，平均壽命為80歲，早已邁入高齡化社會的階段。隨著年齡的增長，老化、衰化、退化呈現出在健康、醫療、經濟、居住、社會照顧的種種問題處處可見。「家有一老，如有一寶」的名言隨著老、病而來長期照顧的疲累感，早已消失無蹤，接踵而來的是長年的心力憔悴，所以老人漸漸的就由寶物變成廢物了。

《楢山節考》是日本深澤七郎1956年寫的小說，於1983年拍成電影，以日本長野的姨捨山傳說為主題，敘述在信州貧寒地區的困苦生活狀況，老人年齡一到70歲根據傳統習俗，就由兒子親自背送到楢山上丟棄，以減少年輕人開銷及照顧的負擔，69歲老祖母為了減輕兒子的心理負擔，還刻意私下把牙齒弄斷，成為標準的殘疾人，故事令人唏噓，撼動人心。

《超世紀謀殺案》是七〇年代我住新竹時，與太太淑珍有一次在清華大學電影院看到的科幻驚悚片，至今仍記憶深刻。故事描寫2022年的紐約因糧食缺乏，一般人只能吃政府補助的一種「Soylent Green」餅乾，上流社會才有新鮮蔬果、食物吃。這些類似餅乾的食

物被宣傳是高能量浮游生物精煉出。羅勃是紐約的警官,調查某一偷竊案卻發現驚爆的內幕,原來這些Soylent食物是讓老人飽餐一頓,觀賞一段360°視覺享受的春夏秋冬影片後安樂死,再送到食品工廠加工成Soylent食品,羅勃就此揭開一幕世紀食老的慘案。

近日報載,有名婦人因長期照顧臥病的先生與年老的公婆,心力交瘁,無以為繼而殺死被照顧者後自盡的悲劇。

這些從《楢山節考》的「棄老」,到《超世紀謀殺案》的「食老」,到婦人走到絕境的「誅老」,老人長期照顧的種種問題,歷歷在目,人間悲劇一再上演,隨著不同的年代演出不同的版本,並沒有隨著時代的文明與社會的進步有所改善,台灣的長照推展希望能帶來一線曙光、一線生機,喜憨兒有日間、夜間及24小時的照顧經驗,長照我們不能缺席!

2018年　喜憨兒 × 雲端 × 逍遙遊：推展數位社會應用DSA

策略領航九部曲 × DSA：雲化年

　　經營之神王永慶先生的「瘦鵝理論」提到：鵝瘦了，問題不在鵝，而是養鵝者的問題。同理，憨兒瘦了，不是憨兒的問題，而是照顧者的問題。為了照顧好憨兒，我們需要培養優秀的照顧者，才能與憨兒一起成長一起達標。從2010年來，喜憨兒基金會每年舉辦一次願景營，各年的策略目標如圖一所示，從均化年的平衡計分卡（BSC），到2018年雲化年的無遠弗屆，都是在優化、深耕團隊的硬實力、軟實力與巧實力，以達成為憨兒開創生命的尊嚴與喜悅的使命。

　　隨著時代的演進，人類經歷過工業1.0（1830年的第一次工業革命）以機械代替人工；工業2.0（1960年的第二次工業革命）以電腦增強記憶；工業3.0（1994年的第三次工業革命）以網路進化通訊；工業4.0（2016年起第四次工業革命）以AI翻轉生命。數位化早已取代傳統的類比訊號，成為人類生活主流；隨著各項數據的累積、大數據的發展、雲端化的資訊儲存，已成為科技及社會推進的新常態，這也激發我們對憨兒照顧及相關生命、社會影響力提升的原動力，利用數位化的社會應用及雲端資訊簡單快速的存取，來增進喜憨兒們的生活水準，以達到喜憨兒們更多的喜悅與幸福。

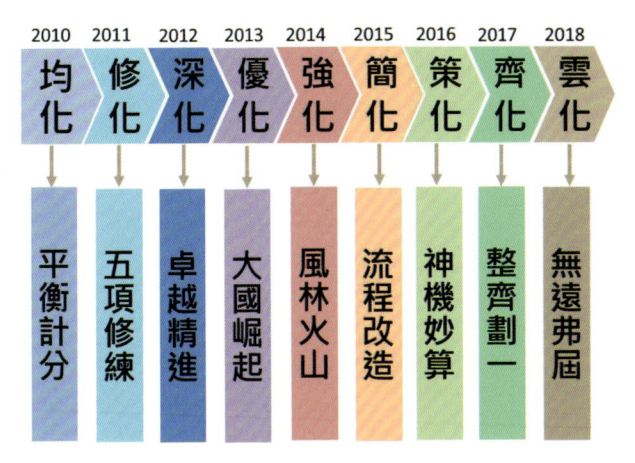

2010	2011	2012	2013	2014	2015	2016	2017	2018
均化	修化	深化	優化	強化	簡化	策化	齊化	雲化
平衡計分	五項修練	卓越精進	大國崛起	風林火山	流程改造	神機妙算	整齊劃一	無遠弗屆

圖一：喜憨兒策略領航九部曲

CAREUS ✕ 五朵雲

科技進步日新月異，30年前想都沒想過的東西，如智慧手機、大數據、AI、無人機、無人車，甚至無人餐廳在最近10年爆炸開來，身為社會人的我們想躲也躲不掉，黑天鵝的來臨只能面對它、接受它、處理它、放下它。大數據讓AI的應用無遠弗屆，AlphaGo打敗了世界棋王，AI靠的是透過self-play自我對弈，進行reinforcement learning，一天可下幾百萬次的棋，而棋王終究只能下幾盤就頭昏腦脹，哪打得贏AI呢？

喜憨兒在2018年推展雲化年，我們提出五朵雲上雲端（如圖二）。

圖二：雲化年之五朵雲

一、健康雲：

- 設計健康平台建構憨兒健康資料庫－蒐集憨兒們健檢資料設計APP，data可送雲端存取，由專業醫師分析、檢測，並提出健康對策。
- 健康手環計畫－選擇適合憨兒配戴之手環及無線生理數據量測系統，監測憨兒健康、日常活動量強度、基本生命數值，亦由

雲端存取，作為後續生活型態調整，延緩憨兒老化及健康維護。

二、管理雲：

- ERP－整合組織跨部門的流程與資訊，並使組織內部流程標準化，期能改善組織體質、健全管理制度、提升效率、強化主管決策及管理能力。
- ichef 系統－全台22家喜憨兒庇護商店建置完備已正式啟用，使憨兒能操作平板電腦，為客人點餐後即時傳至後台製作且上傳系統，登打收據，獲取各門市銷售金額、數量之統計分析。

三、資訊雲：

- 建構數位故事館－設立於台南樂齡食品工場之二樓，以喜憨兒成立20年來經歷的五個夢：惡夢、尋夢、築夢、圓夢及新夢為縱軸，並以數位化之遊戲為橫軸，建置數位故事館。
- AR（擴增實境）－2016年喜憨兒進行CIS之VI整合時，由我在設計公司設計出15隻吉祥物代表喜憨兒，其中一隻因具備天真無邪、憨厚老實特質由員工票選第一，命名喜兒（Cheer）並設計出AR擴增實境，可與實境拍照、跳舞互動。2017年在《喜憨爸爸說故事》融入喜兒，也是數位故事館中最重要的角色之一。

四、行銷雲：

- 基金會現已建置妥三個EC電商網站，包括喜憨禮購物城、Sefun喜歡你官網、C-Shop喜憨兒購物網，針對不同行銷管道販售喜餅、彌月蛋糕、伴手禮盒、餅乾，以及如高鐵、TOYOTA訂單的行銷，配合30家實體店，達成O2O之無縫無界行銷。
- 數位餐廳－位於數位故事館之出口，以自動化的方式販售鮮凍美食，數位螢幕呈現商品介紹，含熱量、產品影像、配方等方便顧客選購。

五、人資雲：

- 計畫擴充現有微軟365之功能建構人力資源之資訊，透過e-learning建立完善教育訓練功能。
- 雲端化人資之考評考核系統。

新品牌 × 新流程 × 新事業

　　2017年喜憨兒與漢典食品公司合作建立樂齡鮮凍美食工場，配合行銷需求，我們設計出新品牌──「愛點心」，緣起於《金剛經》之故事中：「過去之心不可得，現在之心不可得，未來之心不可得，請問上座，你點何心？」三者皆為虛妄之心故不可得，唯有點愛心才可得，而「點愛心，愛點心」變成slogan也符合憨兒照顧自力更生的理念（參見圖三）。

圖三：愛點心LOGO

　　「愛點心」工場位於台南安平工業區，是符合ISO 22000及HACCP雙認證的工場，為符合食品衛生之要求，全場皆用不鏽鋼，不得有任何木製裝修，以防生霉，因肉品生產也必須符合食安「非追不可」之申報，製程相當嚴謹，而料理包的設計是方便弱勢者或銀髮族加熱即食的飲食新趨勢，製程中更設計急速低溫處理設備以保持風味，產品配方與品項先由漢典食品公司提供。

　　新鮮凍美食的事業體，可以提供憨兒全新的庇護職種，使憨兒的參與更多元，也使喜憨兒基金會從原來烘焙為主的第一生命週期成長曲線延伸出第二生命週期成長曲線，也更符合生生不息、永續經營的不二法則，為憨兒自立自強、自力更生建構出第二塊踏腳石。

　　位於工場二樓的數位故事館，清楚表達喜憨兒經營20年來經歷的五個夢，從門口進入就是導覽區（夢之國度）迎賓大螢幕，以喜兒介紹與參觀者互動，逼真度破表，從Logo Tree可觸選不同的里程碑，螢

光幕就呈現該事業經營之始末介紹，接著進入五個夢的時光隧道，數位遊戲與參訪者互動，分別有：

1. 魔法鏡的（奇幻夢境），在「惡夢區」呈現各式各樣的變臉互動。
2. 歌唱遊戲的（喜憨兒點點名），屬於「尋夢區」各式的吉祥物陪你歡唱。
3. 打娃娃遊戲的（築夢High Five），在「築夢區」你可盡情打娃娃，也可雙人齊打。
4. 影片播放區（圓夢Station），「圓夢區」以闡述喜憨兒基金會披荊斬棘的發展過程，從惡夢到新夢一路走來的故事。
5. 太空城堡（新夢特派員），「新夢區」表達喜憨兒有個創新的未來，從幸福城堡（天鵝堡）邁向太空，165吋大螢幕帶給你震撼的太空之旅。

走出數位故事館，隨即進入數位餐廳，以數位的方式呈現餐廳的人流、物流與金流，餐廳的食品是由工場一樓憨兒製作的鮮凍美食，快速烹飪符合現代人的需求，利用光電掃描與ichef系統之數位科技精確快速的結帳金流，給予人流最大的迅捷與方便。

在雲裡美夢成真

雲端與AI的世代像「黑天鵝效應」一樣，悄悄的圍繞在我們的四周，工業4.0所處的情境是乘法而非加法般的成長。從資料到經驗到規劃，當今展現出大數據到e-learning到AI的快速模式，就如同「紅

皇后效應」的不進則退。

喜憨兒基金會20年前藉由「畢馬龍效應」改造憨兒，使憨兒得到生命的尊嚴與喜悅，如今雲端的發展、AI的突破，我們期待憨兒能在雲端獲得更多的資訊與大數據分析，透過AI的協助，做出更有智慧的決策，新畢馬龍效應將讓喜憨兒們更有智慧、更幸福。

有一個故事說：「工業4.0發展的結果是每家工廠只剩一隻狗與一個人，狗是負責工廠的安全，而人是負責養狗。」當然這只是個笑話，但如果剩下一個人，這個人會是什麼樣的人？

肯定的，不是你，也不是我，他是屬於WISE（工作整合型社會企業）的憨兒，因社會企業有二項特質，一是社會目標：他們不會偷懶，不會欺騙；二是經濟目標：他們可以自力更生，也較你我更安於困頓。

所以，在工業4.0人工智慧的氛圍裡，在未來的雲端裡漫步的，將會是這一群刻苦耐勞在逆境中成長的喜憨兒。也期待喜憨兒在雲端逍遙遊的美夢成真，如同「蝴蝶效應」般擴散開來，發揮最大的社會影響力。

2019年　愛丁堡社企世界論壇（SEWF）點滴與感言

SEWF點滴

　　喜憨兒基金會為增進國際能見度與傳播宣導力，自2014年開始參與SEWF年會，今年為第五年，此次SEWF在十年前發源地愛丁堡舉辦，更別具意義。今年台灣由本會組團，廣邀各界參與共計72名人員，在SEWF此次參與國人數中排名第三，也展現台灣對社企參與的熱誠與積極性。

　　此次在愛丁堡議程內，本人於平行論壇中發表「V + ACE = Way to WISE」之演講，準備充實，資料豐富備受好評，還有參與者看到影片而感動落淚。其中1「V」是Vision（願景優先），ACE（王牌）是2A（雙軸式經營）、3C（Care、Can、Change之成長歷程）、4E（4個效應：畢馬龍效應、紅皇后效應、黑天鵝效應、蝴蝶效應）說明喜憨兒展現出四項傲人的社會影響力。

　　喜憨兒基金會自從1997年在高雄創立第一家烘焙屋起，我們就為弱勢促進工作機會，讓憨兒自創價值，得到社會的肯定與接納，並回歸社會主流，這就是WISE的真諦。WISE-Work Integration Social Enterprise即是工作整合型社會企業，其實WISE另一意涵是聰明，這正是憨兒所欠缺的，而我們也急迫的要為憨兒追尋WISE之路。當我們已經做了，那時我們還不知道有WISE這個名詞的存在呢！

「消失的猿人」故事中告訴我們，猿人周遭有富饒的食物，如小動物等，而猿人卻執著於選擇草食，因體型笨重競爭不過其他草食動物而飢餓致死，所以把這現象歸納：NPO是草食性，PO是肉食性，SE則是草食性+肉食性。當然SE在物競天擇、適者生存的生態中更容易生存下來，這也是我們選擇社會企業經營方式的重要原因。

喜憨兒的憨慢生活

　　SEWF年會後，順道到西班牙的巴塞隆納一遊，巴塞隆納最有文化價值的莫過於高第建築師的建築風格，他利用動、植物天然的紋路，如樹葉的脈絡、海螺的螺旋、動物的骨骼設計出風格獨特的建築

物，令人耳目一新，驚艷不已！（請掃描QR Code觀賞影片）

但是初看到高第的「米拉之家」時，歪歪斜斜、笨笨拙拙的建築物，乍看之下這不正是憨兒畫作的呈現？「憨」是我給的第一印象。再看到他的「聖家堂」，已經建了180年之久，還沒完成，這不是「慢」是什麼？

有人問高第，為什麼他的建築設計這麼獨特、這麼出類拔萃？他回答說：「人類創造出來的建築都是用直線，而上帝創造出的建築都使用曲線。」所以人類的房子是以效率、快速、急功好利取勝；而高第的房子卻是上帝的傑作，展現出純真與天然。原來「憨」就是憨厚愚直、天真無邪、自然與實在；「慢」就是慢條斯理、蝸行牛步、精雕細琢的具體表現，這正是喜憨兒呈現「憨慢」的價值。

2020年　衣索比亞SEWF年會鱗爪

衣索比亞這個擁有一億人口的非洲農牧業國家，貧富差距甚大，在首都阿迪斯阿貝巴雖有著車水馬龍的街道、先進的輕軌、現代的建築，卻依舊可以看見牛、馬、驢子在大路上行走，孩童婦女在路邊行乞，與現代化的都市有著強烈的對比。

2019年社會企業世界論壇（SEWF）第一次在發展中國家舉辦，探討議題與過去略有不同，資源不平均與性別歧視問題在非洲有非常大的影響，所以論壇中有一個主軸為性別平權與弱勢就業。我受邀擔任「聚焦社企就業議題，支持社會增能」工作坊講師，主持人是澳洲的David，其他二位是衣索比亞的講師，Mimi及Salem，在正式會議之前，Mimi邀請我們前往她的辦公室兼工廠舉行會前會。

Mimi派車接我們到她的辦公室，是一處座落在市區近郊由政府提供的微型創業聚落，以低廉的租金，鼓勵小／微型創業者入駐。Mimi是在三年半前與瑞士的Clement共創TeKi Paper Bags公司，招聘24位員工，其中大部分都為女性，並有18位是聾啞人士，以糊製環保紙袋對抗汙染嚴重的塑膠袋，立意良善，因此獲得許多大公司的肯定，訂單源源不絕。

進入辦公室看到牆上貼滿手語牌、符號，就知道在這裡工作的人有多辛苦。Mimi首先請我對二十幾位工作夥伴分享我創辦喜憨兒基金會的動機。我講起1991年心臟手術後的一個晚上，家人帶著重度腦麻兼多重障礙的女兒──怡佳，來醫院看我的故事：⋯⋯當時怡佳慢

慢走到我病床前，為我唱了一首歌。講到這兒，全工廠的二十幾位員工全都哭成一團，個個成了淚人兒，連我身邊的手語翻譯老師也哭得不能自己，翻譯不下去跑開了，我也受到現場氛圍影響而哽咽。天啊！我居然把一群衣索比亞人都惹哭了！（請掃描QR Code觀賞影片）

　　此次SEWF的另一項重大收穫，就是參觀首都阿迪斯阿貝巴的國家博物館。館藏中最引人注目的就是人類祖先Lucy的骨骸及其模型的展示，Lucy是320萬年前的猿人，經過進化有著強而有力的腿骨，開放的骨盆使雙腳分開，更能支撐行走時的體重，所以她是當今被發現最早能站立而且可以行走的人類。至於Lucy的命名，是法、美國考古學家1974年發現Lucy骨骸時，當時的錄音機正播放披頭四的歌〈Lucy in the sky with diamonds〉，所以就以Lucy命名。

　　但是Lucy為什麼能脫離猿人，不繼續演化變成黑猩猩，而另成

一支演進為人類呢？其實靈長類早在6,500萬年前即已存在，3,000萬年前在猴類演化至猿人時，由於地殼收縮、位移而形成「東非大裂谷」，北起約旦紅海，南至尚比亞，長6,000公里，寬數10公里的地層因板塊移動而下陷，形成裂縫變成谷地。原來東非2,000公尺以上的高原物產富饒，猴類可攀樹採果子吃，而裂谷地形險惡，那裡的人猿在物資缺乏下，為求生存逐漸演進出像Lucy這樣能站立能行走覓食的人類，這是大自然優勝劣敗的生存法則。

生命的演進總是在三個要素下進行：一、巨變的環境，二、特殊的使命，三、發展出核心能力。Lucy就是在東非大裂谷的惡劣環境下，為了求生存的使命，而發展出站立與行走的核心能力。

喜憨兒基金會現在也面臨了數位科技這樣巨變環境的衝擊，我們都肩負著喜憨兒們長期照顧的艱巨使命，我們也要發展出我們獨特、稀珍、有價值的核心能力，使憨兒照顧更具創新、更能永續。這也是我們選定2020年為喜憨兒基金會適化年的原因，我們要選擇與時俱進，物競天擇，適者生存的進化經營策略。

2021年　如果事與願違，上天必定有安排

跌宕起伏，才是人生

　　我出生小康家庭，受教育一路順遂，大學也順利考上台大化工系，更追上了氣質美女的班花，結婚生子，並在當時台灣經濟起飛的石化業界謀得穩定的職業，在30歲前幾乎已完成了五子登科。自從女兒怡佳誕生之後，風雲變色，只因她是重度腦性麻痺兼多重障礙者，把原本令人稱羨的成功二人組打成生命的受難者，我的前半生從生命的順境就此轉為逆境。

　　太座懷怡佳時，她的實驗室正在研究香精的製造，原本曾戲稱若生女兒，應該是名「香妃」，沒想到生下來卻是腦麻。怡佳手指很修長，原本應該是優秀的鋼琴手，實際上卻是舉手投足都有困難的多重障礙者。原來希望兒女成龍成鳳的願望徹底落空，養女防老的夢想變成了雙重老化的終生照顧，這就是老天的安排？

人生為何而活？

　　1991年，我因心臟二尖瓣狹窄，在高雄長庚醫院動手術，術後的一個晚上，家人帶著怡佳來醫院看我，14歲的她走到病床前唱出：「世上只有爸爸好，有爸的孩子是塊寶。」沒人教她這麼唱，又自己把歌詞中的媽媽改成爸爸，一曲驚醒夢中人，這樣的孩子都有她的才能，我們怎能放棄她，剝奪她的權益呢？

　　因此在1995年，創立喜憨兒基金會，以開創心智障礙者生命的尊

嚴和喜悅為使命，以憨兒的終生教育、終生照顧為願景，如今的喜憨兒基金會每年常態性照顧1千3百多位憨兒，讓他們從工作中創造生命的價值，尋回失落已久的尊嚴和喜悅，也創造了憨兒生命的角色，從被服務者成為服務者，從資源消耗者變成資源創造者，也使他們回歸主流的美夢成真。

什麼時候柔弱，什麼時候就剛強！

其實在創辦喜憨兒基金會的過程，一路走來，這句話一直重複出現著：「如果事與願違，上天必定有安排」。

喜憨兒基金會在開創之初，要錢沒錢、要人沒人，有一次好不容易獲得一筆小獎金，到台北上台領獎時，頒獎的大老不客氣地說：「你們為何要辦新會呢？新會會跟舊會搶資源。」那時就是覺得舊會了無新意，才會想辦喜憨兒，當下就想，好！不搶資源，喜憨兒要自創資源，因此也就開辦喜憨兒烘焙屋，讓憨兒開創社會與經濟價值，快速地融合在社區與民眾中，改造憨兒在社會中的角色。

喜憨兒烘焙屋的設立

烘焙屋的設立最主要是改變憨兒的形象，讓他們在社會中能有立足之地、能自力更生，永續發展。開創之初，還有位專家告訴我：「不要開烘焙屋！」我問他為什麼？他說：「你們的憨兒儀容不整、不淨，誰會買憨兒做的麵包？」

我們還是開出麵包店，建立喜憨兒公益品牌，並且讓我們的烘焙

工場得到ISO 22000及HACCP國際雙認證，讓國際認證單位來認證我們的品質，樹立了喜憨兒堅若磐石的公益品牌，也讓所有的消費者體驗到喜憨兒烘焙品的品味。

喜憨兒蜜與奶之地──天鵝堡

我在旗山嶺口有塊農地，本想退休後可蓋農舍，採菊東籬下，悠然度餘生。無奈老憨兒們的期盼勝過我蓋農舍的需要，因為每次我們問憨兒們最想住哪裡？答案幾乎是異口同聲地說：「住城堡！」就這樣，蓋城堡總比蓋農舍有價值多了！而且獨樂樂不如眾樂樂，於是決定蓋城堡安置老憨兒，這也引起當地居民的恐慌，抗議接踵而來。我們巧妙的先設農場、建花園、建置太陽能燈，卸下居民們的心防，終於在2013年完成天鵝堡的啟用，如今，全堡已住滿，C/P值超高，真令人感到萬分欣慰。

無心插柳柳成蔭——社會企業

為憨兒開創生命的尊嚴與喜悅，一直是我們的初衷，所以憨兒的照顧、如何為憨兒尋找尊嚴和喜悅，是我們努力的方向與目標，最後，我們發現尊嚴是從「工作」中創造價值而得到，喜悅可以寓教於樂，從樂團、劇團、童軍團的培訓與舞台表演可重塑憨兒的信心與快樂。我們從來沒設過目標要成為社會企業。1997年我們成立喜憨兒烘焙屋，是為了讓憨兒從工作中創造價值，回歸社會主流，這樣的創意得到花旗銀行的支持，才能創造出喜憨兒烘焙屋的產業鏈，所以當時被稱為NPO產業化的標竿。直到2010年代社會企業西風東漸，喜憨兒從「以第三部門的使命為依歸，以第二部門的行銷為手法，以解決第一部門的社會問題」這樣的理念符合社會企業的規範，所以喜憨兒基金會又被稱為台灣社會企業的先鋒與典範。實際上，只有一個始終如一的初衷：喜憨兒的終生照顧與終生教育。

善財童子是《華嚴經》中的靈魂人物，「善」的意思是解心順理，「財」的意思是積德無盡。所以善是心意上正向的力量，而財並不只是金銀財寶，而是形而上的德性與福慧。得與失往往在一念之間的零和遊戲，有捨才有得，就如同寓言中「塞翁失馬，焉知非福」的道理一樣。

喜憨 30，笑容永續
一路溫柔堅持，走出嶄新未來

2022年　從夢想彩繪到彩繪夢想的四個效應

喜憨兒基金會的緣起與發展：創意、創新、創業

　　喜憨兒基金會於1995年成立，是以開創心智障礙者的生命尊嚴和喜悅為使命，以終生教育和終生照顧為願景，以改造憨兒生命作為價值觀。二十多年來藉由自力更生的方式，成立喜憨兒烘焙屋、庇護工場及餐廳，協助喜憨兒們從工作中創造價值，受社會肯定與包容，融入社會人群，而回歸社會主流。

　　至2021年底止，喜憨兒基金會設置有100處服務據點及方案，其中含32處烘焙屋、烘焙餐廳及庇護工場等自立自強的工作站，日常照

顧與安置的憨兒達1,335名，其中約270名在上述32處工作站工作。而服務據點散布於台北市、新北市、桃園市、新竹縣、新竹市、台南市與高雄市。

2021年營收達7.59億元，其中事業收入占57.8%、捐款收入26.2%、補助收入占16%。

喜憨兒二十多年前，從設立烘焙屋的「創意」，並在高雄大順店成立第一家喜憨兒烘焙屋起，持續成長「創新」，設立了餐廳、農場、天鵝堡（老憨兒照顧），並發展食、衣、住、行、育、樂全方位照顧，致力於建構喜憨兒的幸福產業，真正走上「創業」之路。

四個效應

一、畢馬龍效應（Pygmalion Effect）

畢馬龍是古希臘的一位雕刻家，有一次他精雕細琢雕出了一座石像楚楚動人，他不自覺的愛上這座石像，用情很深，因此感動了維納斯女神賦予石像生命，他們終於幸福快樂過一輩子。

這個故事被引喻成美夢成真（You get what you expect.）。二十多年前我們也是這樣精雕細琢的改造憨兒，如今看到他們由被服務者轉變為服務者，由資源消耗者變成資源創造者，也使我們的夢想由不可能變為可能，更看到了憨兒們臉上的尊嚴與喜悅。

憨兒在基金會的協助下，至2021年底已擁有114張政府頒給的證照，多麼令人讚嘆和激賞！多麼令人感動和驕傲！為了品質與食安，

我們的庇護工場取得ISO 22000及HACCP雙證照，這也證實喜憨兒從創新領先的優勢策略中不斷精進。

二、黑天鵝效應（Black Swan Effect）

以前歐洲人只看過白色的天鵝，因此認定世界上只有白天鵝的存在，直到十八世紀有人到澳洲看到黑天鵝，把牠帶回歐洲，人們的視野才得以打開，引起人們對認知的反思，進而做出改變。所以要如何發現及因應最不可能發生，但總是會發生，且會造成極端性的影響，就產生典範轉移。

掃描QR Code
觀賞台南庇護工場影片

喜憨兒基金會一開始就讓憨兒從工作中創造價值來回歸社會主流，以樂離苦、以空納有、以愛解障、以喜化憂的理念達成身心障礙者生命改造的典範轉移，為喜憨兒奠定策略優勢並昂首邁進。

掃描QR Code
觀賞送愛到
部落Hebe篇
影片

三、紅皇后效應（Red Queen Effect）

在《愛麗絲夢遊仙境》裡，個性積極的紅皇后說：「在我的國度裡，你必須不斷往前跑，才不會向後退，你必須要跑出兩倍的速度才能達到目標。」因此組織必須不斷精進成長才不會倒退，這就稱為「紅皇后效應」。

蕭淑珍董事長在這二十幾年來，從有一位喜憨兒到照顧一千多位喜憨兒，都是在兩倍數的壓力之下才能達到此一目標。把一個人扛在肩頭不容易，扛著走一段路更是困難，她扛的是一千多位，而且都是喜憨兒，困難度之大讓她榮獲「第十六屆愛心獎」，真是實至名歸。

掃描QR Code
觀賞愛心獎
影片

四、蝴蝶效應（Butterfly Effect）

1972年美國氣象學家勞倫斯提出來的一個現象：當在巴西雨林裡的一隻小蝴蝶拍動翅膀，半年後的美國紐約會引起一陣暴風雨。這是因為那隻小蝴蝶拍動翅膀時，同時引起一大群蝴蝶一起拍動翅膀，氣流的改變越滾越大，半年後飄移至紐約，所以就下了一場暴風雨。

圖片選自幾米作品《頭碰頭說說話》© Jimmy Liao. Licensed by Jimmy S.P.A. Co., Ltd. (墨色國際)

喜憨兒就像這隻小蝴蝶，輕輕的拍動翅膀，引起一大群NPO一同加入開設自力更生的烘焙屋及餐飲店。2014年衛福部在中秋節前為NPO發行的中秋禮品宣導手冊就有一百餘家NPO列名其中，而喜憨兒就是其中的那隻小蝴蝶。

掃描QR Code觀賞公益月餅影片

改造生命、創造價值、永續發展建構社會影響力

以往社會大眾對心智障礙者的形象是負面、悲觀、消極、不健康，懷著悲憫與同情之心，看待這群毫無社會價值、沒有社會貢獻，

正在消耗社會資源的邊緣人。一個嶄新自力更生的理念，讓我們明確地改變了心智障礙者的價值觀，也改造了憨兒的生命。我們明確地看出他們的轉變，從被服務者變成服務者，從資源消耗者變成了資源創造者，也使我們改造憨兒的夢想，由不可能變成可能。

2023 年　壓傷的蘆葦不會折斷

2023年喜憨兒願景營策略領航的主題是「活化」年,而行動方案則是「逆增上緣」。「活化」的意義在於如何使組織這有機體能更靈活、更有生命力,遇到困境更能趨吉避凶,使組織能永續發展,能生生不息。在我們化工、化學界經常使用的化學反應就是如何使化學反應能夠發生、成長與終結,反應的速度當然是越快越好,要克服的活化能需要越低越好,反應的轉化率也是要越高越好。為了要使反應順利進行我們常用活化劑或起始劑;要降低活化能,我們則常用催化劑(或稱觸媒)來達成我們需要的化學反應的質與量。

至於行動方案的「逆增上緣」則是化學反應經常受到外界汙染問題、毒化物的影響,不可抗拒的因素等等,都阻礙著化學反應的進行,因此如何在這逆境之中,克服逆境帶來的阻力與抗力,使反應得以如常進行,是我們必須達到的任務。故而應用「逆增上緣」——在逆境中也能增強提升我們的善因緣,向上的機緣,這是我們2023年的策略規劃。

大家都知道,家庭是組成社會最基本的單位,家庭又是什麼?英文裡的家庭一字是最好的是闡釋,「FAMILY」這六個字母展開來就是家庭的真諦,「Father And Mother I Love You.」一個家庭的組成要有爸爸、媽媽、小孩,小孩還能叫爸爸、媽媽我愛你才是真正的家庭。

我與蕭老師結婚育有一子一女,兒子士捷是個資優生,學業一路順暢,過關斬將到雄中、台大、美國電機博士畢業。而怡佳晚他二

年，生下來時全身軟綿綿的，一歲多到台大神經科判定是腦性麻痺，至此我的人生就由彩色轉為黑白，真的應了上面那句話，夫妻結婚，就是緣分，有好的緣分，也有壞的緣分，每絲緣分緊緊相扣；子女生下來就是債，有來討債的，也有來還債的，每條債都清清楚楚。

然而怡佳是怎麼由討債者變成還債者的呢？她手無縛雞之力，又怎麼能夠當化學反應的活化劑、催化劑，催生了喜憨兒基金會呢？關鍵就在1991年，我因心臟二尖瓣狹窄，住進高雄長庚醫院接受心臟手術，開完刀的隔一晚上，家人帶著怡佳到長庚來看我，她主動而蹣跚的走到我的病床前唱了一首歌：「世上只有爸爸好，有爸的孩子是塊寶。」沒人教她這樣唱，她卻把原本歌詞內的「媽媽」適當而正確的改成「爸爸」，給我當頭棒喝，一曲驚醒渾渾噩噩的的夢中人。

天啊！原來連這樣的孩子都隱藏著能力，我們怎麼可以隨意放棄他們呢？就是這把火引燃了喜憨兒基金會成立的動機，他們雖然手腳行動有困難，但就是有許多家長當她手上的粉筆，替她彩繪出光明的世界；雖然她口齒不清，我們卻可幫助喜憨兒們追求生命的尊嚴和喜悅。喜憨兒基金會成立至今，我們照顧、訓練了1,300百餘位憨兒在餐廳、麵包店、庇護工場工作及接受照顧；我們設立的服務據點達百個，讓喜憨兒們得到終生照顧與終生教育；我們也建立了一個與眾不同成功的服務體系－社會企業。怡佳也就成為我心目中活化喜憨兒基金會逆增上緣的貴人了。

　　怡佳40歲以後體力一日差過一日，頭髮這裡白一欉，那裡也白一欉，原來只要牽著她就可以天涯海角任我遊的，現在因為體能的退化，必須要二位老師扶著她才能行動。2020年1月就跌倒在地下室門口，我與蕭老師二人想扶她起來，卻扶不起來，足見雙重老化的嚴重性了。到了4月，坐在椅子上卻居然無法控制跌倒在地，摔掉了下門牙，送去長庚急診。X光還正常，但是MRI（磁振造影）卻非常嚴重，頸部尖椎間盤凸出壓迫到神經，致四肢漸癱，7月進行頸椎開刀手術，新裝四片新的人工椎間盤，歷經12小時才完成，8月終可出院。到了8月底卻發燒不退、嘔吐，喝水吐水，吃藥吐藥，餵粥吐粥，真不知如何是好？只有再回長庚住院，還被醫師數落一陣：「你們怎麼照顧孩子的？出院不到一個月又回來了！」恨啊！我們又何嘗喜歡帶怡佳住院當兒戲！怡佳一直受著病痛的折磨，身處在艱困的境界中，她仍堅強挺過，正是：壓傷的蘆葦不會折斷，風中的殘燭不會熄滅。

到了2021年，怡佳泌尿不順，以致肚子腫脹，4月中又再至長庚掛急診，住院後經腸胃科醫師的研判是腸沾黏，排便不順暢而肚子變大，壓迫到膀胱使排尿也不正常，醫師有提議要做「造口」來人工排便，讓我們陷入思考：怡佳除了尿袋外，還要加一個人工造口袋，增加許多不方便。當時剛好是COVID-19疫情最嚴峻的時期，政府即將實施第3級管制，住院、探病、送餐也嚴加控制，醫院病房裡只能留一位看護照顧，飯菜只能送到護理站，人就必須離開。所以怡佳要看到我們難上加難。就在這天夜裡卻收到看護的外傭傳來LINE的影片，是怡佳在唱歌，外傭說怡佳一直唱同一首歌，她不知道是什麼意思，所以傳LINE的影片給我。

　　怡佳唱的一遍又一遍都是〈泥娃娃〉這首歌。她是在求救，在這緊要關頭她最需要的是爸爸和媽媽，然而她又看不到想念的爸媽，居

然用唱歌的方式來表達、來求救，心頭一陣酸、不禁潸然淚下。爸爸媽媽不是為了兒女而生的嗎？怎可讓怡佳離開我們？於是隔天立馬辦出院，即使我們照顧可能不如醫院，但我們是一家人，生死與共啊！

近來，怡佳就近在高雄長庚醫院做復健，前幾天遇到怡佳的復健陳老師，跟他打了招呼，順便問他怡佳最近有沒有進步？陳老師馬上回答：「當然有，你看她的情緒穩定多了。」是啊，怡佳先前做復健都會大哭大叫，想跟爸爸媽媽朝朝暮暮在一起的，復健室裡無人不知，如今她的情緒穩定，跟她「心因性」躁鬱症消除有關吧！

怡佳唱了一首〈泥娃娃〉化解她被醫院隔離、見不到父母親的哀傷困境，突破危機化為轉機，為她自己逆增上緣，真不愧我們養育她46年的辛苦。

2024年　喜憨兒基金會三十而立之回顧與前瞻

喜憨兒基金會轉眼間邁進三十年頭，這是一個承先啟後，繼往開來的年代，接下來要如何發展、發揚光大，更是下個30年的重責大任。

典範轉移

初創時要錢沒錢，要人沒人。好不容易得到了一筆獎金，去領獎時，大老問：「為什麼要創立新會？你知道創了新會會分散資源？」於是我們應用吳思華老師的《策略九說》及典範變化創立了喜憨兒的「典範轉移」；於是喜憨兒要自己開創資源，不去分散他會的資源。

核心能力

創會之初要帶領憨兒走向何方？一直是我們思考的問題，我們盤點憨兒最需要什麼？結果是「尊嚴與喜悅」。但是尊嚴與喜悅如何得到呢？我們想盡了一切辦法，最後我們找到了——就像一般人一樣「工作」，帶給我們尊嚴與喜悅。於是我們成立喜憨兒烘焙屋，讓憨兒穿得整整齊齊的做烘焙，所以「工作」就是喜憨兒的核心能力。

策略領航（2010～2025）

基金會為培養幹部，了解基金會在做什麼？怎麼做？為什麼這樣做？於是每年舉辦願景營，將幹部們集中在一起華山論劍，每年有一

策略主題,行動方案,大家集思廣益的思考,尋求對策。小變化積久、積多了,就是大變革。

一十百千

　　願景營中我們也訂下喜憨兒基金會30年的目標:「一十百千」。

　　「一」是要設立一個完整的服務體系,結果我們發展出創新的社會企業,使憨兒有尊嚴、有喜悅。

　　「十」是年營收達十億新台幣,2023年營收已達9.12億。

　　「百」是為憨兒建立百個服務方案/據點,2023年共107個服務方案與據點。

「千」是服務千位以上的憨兒，2023年單年服務1,691位。

人工智慧（AI）

喜憨兒未來的另一個30年，除了在現有良性的典範下持續發展，AI的發展突飛猛進，我們應當與時俱進。喜憨兒在大數據，人工智慧的運用上已發展出：

2022年起運用AI預測中秋月餅營運趨勢。2024年教導「隱形的畫家」以AI，讓不會作畫的憨兒也能表現繪畫才能，完成畫作，並把圖面印製在中秋禮盒上，傳遞愛與美的訊息給全台灣。

Part 2
喜憨兒的歷年足跡

CAREUS

Part 3

憨兒的笑容

跳動的熱情／小智

初接觸小智,最先可以感受到的就是那陽光般的燦爛笑容與親切的問候聲,熱情開朗的小智因為不怕生,喜歡與人接觸,總會主動招呼上門的客人及給予關心。「我把客人當家人」、「希望客人能像在家一樣舒服」是小智常常掛在嘴上的窩心話,這是為什麼小智能十分深受客人喜愛,也是輕食工房一直以來的人氣王。

小智2005/03進入喜憨兒

樂在其中，盡力而為人／小維

小維剛從學校畢業進入喜憨兒輕食工房服務，從一開始的學習力及工作速度緩慢，到現在勝任不同性質的工作，像是吧台備餐、送餐、蛋糕上架整理、麵包包裝……等，大部分的工作皆能積極努力完成，其所表現出來的進步幅度使人深深體驗到：給他機會，每一個憨兒都是有潛力的。

小維2007/01進入喜憨兒

貼心的孩子／小任

小任友善溫和、有極佳的節奏感、喜歡塗鴉、身體柔軟度佳。相處久了，發現唐寶寶的障礙問題，透過學習也進步良多，比如父母外出時，通常都只是用肢體語言揮手代替，有一天，小任居然對著父母說：「要早點回來喔！」這句話著實讓父母親愣在當場且感動不已。

還有一次晚上吃過飯，他貼心地跟媽媽說：「謝謝媽媽！」並且要求爸爸也要跟媽媽說，但爸爸卻以肢體語言點頭代替，小任馬上糾正爸爸：「用嘴巴說。」由此能了解他們的學習潛能，只要時時給予機會教、學、教、學，可別小看他們喔！

小任2007/03進入喜憨兒

天使般的酷妹／于媛

這位酷妹有著一對水汪汪的眼睛,當她用那雙眼睛深情看著你時,不管是什麼事情你都會說好並答應。她那溫柔醉人的嗓音,也真是天下一絕,每回聽到她服務客人時的禮貌用語,都會自嘆不如啊!

有些客人進到天使餐坊用餐,如果沒有看到這位酷妹,都會自動詢問門市人員,她去哪裡了?我們家酷妹也是天使餐坊的迷人天使呢!

于媛2001/10進入喜憨兒

要不要幫忙？／阿雲

「ㄟ！老師，早！」阿雲每日的第一件工作，就是清潔廁所的環境，讓大家能使用到舒適衛生的如廁環境。包裝也屬於阿雲的拿手絕活，慢慢的、仔細的，依照操作流程使用著封口機，將一包包餅乾封裝，每包餅乾的封口既平整又漂亮。

「老師，你好忙喔！」阿雲將頭探入辦公室這麼說，「老師，要不要幫忙？」用充滿真誠的眼神、細小的聲音，問著老師或其他學員「要不要幫忙」，阿雲的熱心與貼心，就在這一句簡單的問句裡。

阿雲2003/04進入喜憨兒

老師早安／小康康

「老師早安！」每天早上都會聽見小康康充滿活力的聲音，看不出他曾經無法以言語表達任何想法，只能用微笑點頭表示。

小康康剛來的時候，總是默默的拿著抹布、掃把將環境打掃乾淨；包麵包的時候，總是拿著麵包和麵包袋奮戰，希望能包裝得很漂亮；搬成品及麵包箱時也老是很努力搶第一個，但卻很少開口，只會說：「好」。

現在他學會了「早」、「早安」，也學會了「歡迎光臨」，看見他，請不要吝嗇給他大大的笑容及掌聲！

小康康2009/01進入喜憨兒

就是要微笑／小正

「老師早！同學早！」早上的勞保站，可以聽到最有活力的聲音，就是來自於小正的招呼聲。無論天氣晴或雨，小正永遠都是大聲的向大家問好。

「請問要幫你用塑膠袋裝起來嗎？」看著客人買了幾個麵包，小正上前有禮貌的問著客人。無論今天的心情是好是壞，小正永遠都是有禮貌的對人說話。

「你要小心不要感冒了喔！」只要聽到有人打噴嚏或咳嗽，總會不吝付出他的關心。

小正是我們站上年紀最長的憨兒，我們更希望能讓他學習照顧好自己，將來若退休了，也能有穩定自足的生活。

小正1999/03進入喜憨兒

領班小主管／小馬娟

小馬娟工作盡責又賣力，很有小主管的架式，有一次師傅要請學生幫忙切蔥，小馬娟雖已準備下班，仍自願幫忙，老師問小馬娟為何不穿圍裙，小馬娟回答：「因為圍裙會髒，這樣檢查圍裙時會不合格！」

小馬娟的工作情況，在一年中就有明顯的成長轉變，當她從口中說出「工作很開心」時，也意味著，她已經可以再承擔更多的工作及責任。

小馬娟2009/1進入喜憨兒

園藝高手／阿涵

多重障礙的阿涵與外界的溝通不佳，但自從參與園藝工作，從播種、灌溉、到拔除雜草修剪花枝，園內的植物毫不吝嗇的綻放，給予阿涵成功的驚喜，改變了阿涵對自己的看法，臉上常常展現燦爛的笑容。

現在的阿涵可是一位園藝高手，任何一種植物在阿涵的細心照護下，都顯得綠意盎然。

阿涵表示歡迎大家和他聊聊有關園藝的事情，與他做朋友喔！

阿涵2007/11進入喜憨兒

豐收的果實／小芳

小芳94年剛到基金會時，胖胖的身材、身體和臉部布滿被自己抓傷的大小傷口，害羞的個性難以融入人群，常常一個人坐在一旁生悶氣。

進入基金會後的日子裡，她慢慢一步步成長，現在的小芳，在大順店裡可是老師的得力助手，也是其他憨兒眼中所依賴的大姐，每當她發現同儕在工作遇到困難時，總是熱心的教導，讓團隊的氣氛更加溫馨；當自己心情不好的時候，也會和老師說一說，尋求抒解的方法，這是她好不容易才破繭而出的模樣。

小芳2005/08進入喜憨兒

溫暖對話／文文

文文問新來的老師：「你幾歲？」老師回答後，也回問：「文文，你幾歲？」文文展露笑顏給新老師驚喜的答案：「我年－年－18歲……」。

這樣令人驚喜的對話就像劇本一樣，每天在工作站內上演，老師或夥伴等穿新衣服來上班，文文會以充滿著喜悅的口氣讚美：「你好漂亮！」或者直接表達：「我喜歡你！」

這樣的無憂無慮，這樣的知足常樂，讓你看到她單純世界裡的那一份生命的精彩！

文文2004/03進入喜憨兒

我是快手倫／小倫

小倫說：「老師，我先把餅乾封完就去包蛋糕。」老師回應：「好，你不要急沒關係。」小倫的手沒停，有些著急：「蛋糕好多，包不完了，不用下班。」老師笑著回答：「有你在，怕什麼！」可以知道小倫的動作有多快、多俐落，每當工作量大的時候，快手倫就是大家的好幫手！

小倫2009/01進入喜憨兒

最佳小幫手！／亨哥

亨哥，腦麻，是元氣班的學員，亨哥有顆聰明的腦袋，對於新事物總會感到好奇，鼓勵之下他總能勇於嘗試，對於任何能展現自己的機會，亨哥樂於接受所有的新挑戰，這也是亨哥不斷進步的動力之一。

從過去總是以自我為中心的亨哥，在不斷學習之後，現在慢慢地懂得體諒他人的需要，與人對話、相互合作，成熟與主動性十足，如今也成為老師眼中的小幫手，實力很夠呢！老師常和亨哥開玩笑：「亨哥要成為正港的大人啦！」

亨哥2005/03進入喜憨兒

我是義賣高手／小杏

走路習慣低著頭，現在能抬頭挺胸向前行，自信的說：「我是義賣高手！」這是小杏最驕傲的事，每每義賣時小杏總是用盡力氣的吆喝：「歡迎光臨！喜憨兒的手工餅乾，好吃哦～參考看看哦～！」為義賣帶來不少人氣，也增加了買氣，帶動了大家的氣勢，讓小杏驕傲的抬起頭。

小杏同時是喜憨樂團的成員，不管是在樂團練習或是參與義賣，小杏都努力想把工作做好，而她燦爛的笑容，像在宣示「天天都是美好的一天」。

小杏2004/03進入喜憨兒

就是愛唱歌／小佳

大家對小佳的印象總停留在她是個不停搖著頭的憨兒，很少人注意到她其實很愛唱歌，每次從復健醫院走回中心的路上，是老師和小佳的HAPPY TIME。一路上一同唱著歌，不論是玩點唱、接唱或聽旋律辨識歌名的遊戲，從懷舊流行歌〈月亮代表我的心〉、〈螢火蟲〉，到兒歌〈蝴蝶〉、〈泥娃娃〉……都難不倒她。心血來潮時，還會一邊唱著「對你愛不完」，一邊學著郭富城的招牌動作，在大家面前，小佳總是大方表現自己，不會怯場，帶給大家很多歡樂。

小佳2002/03進入喜憨兒

叫我公車達人／阿源

阿源，67年次，為重度智障者，在進住家園之初，交通問題也很棘手，因視力不佳、數字功能較弱，常搭錯車、下錯站；權衡之下，我們將公車路線號碼做成圖卡，以方便辨認，又請其他同儕偕伴同行。現在他已是公車高手，甚至於轉車都沒問題。

我們的服務使用者，只要不放棄，給他相同的學習機會，都會有成長的空間和潛能，絕不會是永遠的包袱。

阿源1999/07進入喜憨兒

老師，你別鬧了
/Evon

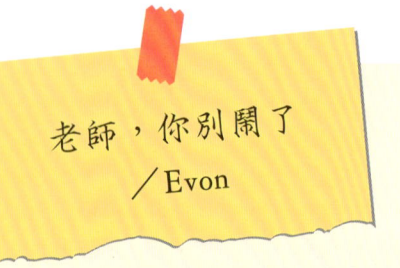

縫紉練習對Evon是個新的工作內容。對於新的工作Evon總是裹足不前、害怕挫折。這一天，Evon練習著穿口罩兩邊的繩子，當Evon嚴肅地進行著工作時，老師在一旁模仿著Evon的動作並學她的口吻說話，Evon笑了，說：「老師，你別鬧了～」說完後Evon帶著微笑，認真的繼續工作。

「老師，你別鬧了～」像是老師和Evon之間開心的密語，建立了老師和Evon之間的關係，也開發了Evon美麗的心、可愛的笑容。

Evon 2009/05進入喜憨兒

老師，我洗你／維維

每天早上，維維總是開心的告訴媽媽：「我要去上班了！」依媽媽的敘述，維維因為工作而有了生活的重心，生活作息也更規律了。在作業所，維維辛勤的做代工、學習縫紉、認真上課、開心與同儕互動，從「老師，我－洗－你－」到完整的一句「老師，我、幫你、洗碗。」看似簡單的一句話，不僅讓人感受到維維體貼的一面，更看到他的語言能力正一字一詞一句的進步中。純真的微笑像太陽一般，在寒冷的冬季讓人感覺暖暖的。

維維2009/05進入喜憨兒

快樂的爵士鼓手／信安

信安進入喜憨兒樂團至今，主要使用樂器為爵士鼓，他的個性沉靜、樂觀，且節奏感還不錯，恰好非常適合在樂團擔任爵士鼓角色。上課時，一方面要記住音符位置，另一方面雙手必須同時打擊出兩種鼓聲，看似簡單的動作，其實對視力有些障礙的信安來說是一項挑戰，也考驗著信安的學習能力。

雖然上課練習時，偶爾會出現打擊爵士鼓不穩定的狀況，經指導老師提醒後，他就會笑笑的說：「不好意思啦，老師我打錯了。」信安在樂團裡就像大哥哥一樣，透過樂器的節奏傳遞，引領其他成員共同合奏出整首曲目。

信安2004/08進入喜憨兒

可愛的玫瑰花／郁群

有著白皙水嫩皮膚的郁群，是位中度智障者，最喜歡人家稱呼她「美女」或是「玫瑰花」，音樂是啟動她的鑰匙，只要一聽到音樂，就會興奮的跟著搖擺起舞，天真的郁群在劇團中總是笑容可掬，認真學習的態度讓人覺得可愛極了！

雖然郁群在表演時，仍需要老師及媽媽在旁提詞及走位提示，然而舞台上的演出，不僅讓她的封閉、不良情緒等情況獲得改善，觀眾的掌聲也讓她展現出自信的微笑，如同一朵綻放中的玫瑰花。

郁群2005/05進入喜憨兒

陪你慢慢走／萱萱

曾被醫生評估「語言能力等於零」的女孩，治療過程也因智力理解受限，但經過努力，她常大方地說出自己的想法，有時候讓人聽不懂，她會慢慢地把剛剛的話再說一次，並搖搖頭說「傷腦筋」！

參加劇團後，慶幸能和豆子劇團的王卓老師一拍即合，迸出快樂的學習樂趣，讓人看到她的本能。喜憨兒劇團《小蝸牛散步》的演出，她自然、大方的流露出從容不迫的態度，令人刮目相看。你找到你的蝸牛了嗎？偶爾出去散散步吧！

萱萱2005/05進入喜憨兒

十八般武藝樣樣俱全／小薇

烹飪是小薇的長項，煮菜時會先與老師溝通今天的菜色及如何烹煮，接著就會有一道道色、香、味俱全的菜餚出現在桌上；烘焙課程時流露出的自信，也令工作人員望塵莫及。小薇曾嘗試考執照，也積極參與各項有興趣的活動，在童軍團學習讓自己更獨立，也參與送愛到部落的活動。

此外還有一副好歌喉的小薇，歌聲遍及監獄、義賣場合等。因她的可愛、良善、樂意助人的心，她將所學的及她的專長，藉由一道道菜餚、一塊塊餅乾、一首首好聽的歌，分享給大家。

小薇1998進入喜憨兒

🎁 彩蛋

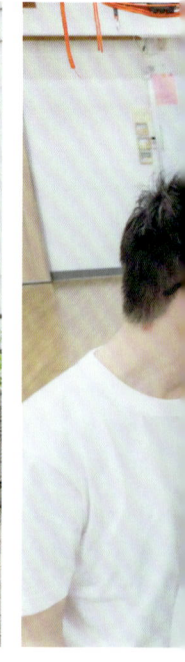

喜憨㉚,笑容永續
一路溫柔堅持,走出嶄新未來

Part 3
憨兒的笑容
263

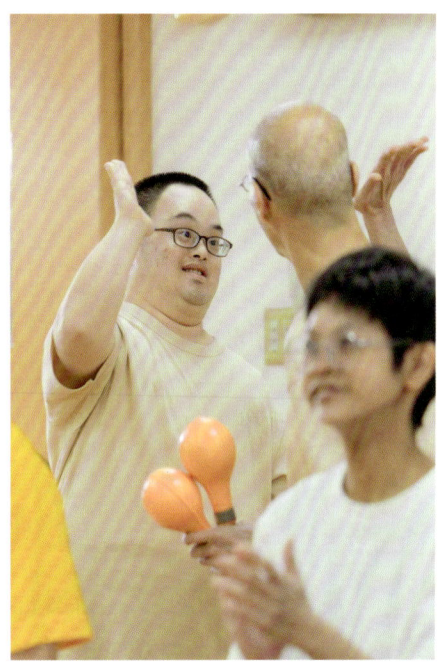

喜憨兒門市餐廳資訊

📍 台北地區

喜憨兒中山成真店
電話：（02）2511-9253
地址：台北市中山區長安西路15號

喜憨兒烘焙屋台北光復店
電話：（02）2725-2759
地址：台北市信義區光復南路461號

喜憨兒烘焙屋台北中華店
電話：（02）2344-4265
地址：台北市中正區信義路一段21-3號B1

喜憨兒烘焙屋台北勞保店
電話：（02）2391-9389
地址：台北市中正區羅斯福路一段4號1樓

喜憨兒台北民生餐坊
電話：（02）2545-4379
地址：台北市松山區民生東路四段80巷2號

喜憨兒Enjoy餐廳
電話：（02）2720-5208
地址：台北市信義區市府路1號1樓（市政府南區通廊）

喜憨兒華碩企總店
電話：（02）2858-5332
地址：台北市北投區立德路15號2樓（華碩園區內）

喜憨兒和碩立德店
電話：（02）2897-6615
地址：台北市北投區立德路150號B1（和碩大樓內）

喜憨兒和碩企總店
電話：（02）2898-4948
地址：台北市北投區立功街76號B1（和碩大樓內）

◎ 新北地區
喜憨兒烘焙屋新北板橋店
電話：（02）2963-0135
地址：新北市板橋區和平路90號

喜憨兒Sefun咖啡新北市府店
電話：（02）8952-3140
地址：新北市板橋區中山路一段161號B1（市政府大樓內）

◎ 桃園地區
喜憨兒Sefun咖啡桃園市府店
電話：（03）332-9003
地址：桃園市桃園區縣府路1號1樓（市府工商登記處內）

喜憨兒庇護商店桃園南門店
電話：（03）334-1090
地址：桃園市桃園區三民路三段264號（南門公園旁）

桃園埔心店（小木屋聯名店）
電話：（03）431-3458
地址：桃園市楊梅區金龍二路1-1號

📍新竹地區

喜憨兒烘焙餐廳新竹建中店
電話：（03）574-8134
地址：新竹市東區建中路55號

喜憨兒Sefun餐坊新竹勝利店
電話：（03）668-2745
地址：新竹縣竹北市勝利一路1號

📍台南地區

喜憨兒生機好鍋台南南門店
電話：（06）214-3025
地址：台南市中西區南門路191號

喜憨兒Sefun咖啡台南市府店
電話：（06）299-6112
地址：台南市安平區永華路二段6號

📍高雄地區

喜憨兒Pasta高雄尚禮店
電話：（07）223-4510
地址：高雄市苓雅區尚禮街33號

喜憨兒園藝餐坊高雄綠野店
電話：（07）345-9762
地址：高雄市三民區河堤路682號

喜憨兒創作料理高雄文濱店
電話：（07）767-7238
地址：高雄市三民區文濱路53號

喜憨兒生機好鍋高雄復興店

電話：（07）223-8990

地址：高雄市新興區復興二路286號

喜憨兒Sefun咖啡高雄市府店

電話：（07）332-8397

地址：高雄市苓雅區四維三路2號

喜憨兒Sefun咖啡高雄鳳山店

電話：（07）740-6912

地址：高雄市鳳山區光復路二段132號（鳳山行政中心內）

喜憨兒高雄天鵝莊園

電話：（07）666-5482

地址：高雄市旗山區南勝里德勝巷2-1號

📍Sefun購物網

https://lihi.cc/Fd8PP

人生顧問 561

喜憨 30，笑容永續
一路溫柔堅持，走出嶄新未來

作　　者—蘇國禎
照片提供—財團法人喜憨兒社會福利基金會
主　　編—謝翠鈺
副 主 編—廖宜家
行銷企劃—鄭家謙
封面設計—魚展設計
美術編輯—張淑貞

董 事 長—趙政岷
出 版 者—時報文化出版企業股份有限公司
　　　　　108019 台北市和平西路三段 240 號 7 樓
　　　　　發行專線— (02)2306-6842
　　　　　讀者服務專線— 0800-231-705、(02)2304-7103
　　　　　讀者服務傳真— (02)2304-6858
　　　　　郵撥— 19344724 時報文化出版公司
　　　　　信箱— 10899　台北華江橋郵局第 99 信箱
時報悅讀網— http://www.readingtimes.com.tw
法律顧問—理律法律事務所 陳長文律師、李念祖律師
印　　刷—華展印刷有限公司
初版一刷— 2025 年 7 月 4 日
定　　價—新台幣 430 元
缺頁或破損的書，請寄回更換

時報文化出版公司成立於 1975 年，並於 1999 年股票上櫃公開發行，
於 2008 年脫離中時集團非屬旺中，以「尊重智慧與創意的文化事業」為信念。

喜憨30,笑容永續：一路溫柔堅持,走出嶄新未來
/ 蘇國禎著 -- 初版. -- 臺北市：時報文化出版企
業股份有限公司, 2025.07
　　面；　公分. -- (人生顧問；561)
　　ISBN 978-626-419-570-6 (平裝)

1.CST: 喜憨兒社會福利基金會

547.933　　　　　　　　　　　　　　114006959

喜憨兒基金會官網

ISBN 978-626-419-570-6
Printed in Taiwan

喜憨兒社會福利基金會
Children Are Us Foundation

喜憨30 笑容永續

門市餐廳折價券
$100
2026.06.30前使用

喜憨兒社會福利基金會
Children Are Us Foundation

喜憨30 笑容永續

門市餐廳折價券
$100
2026.06.30前使用

喜憨兒 喜歡你
Sefun購物網優惠
$100

折扣碼：smile

2026.06.30前使用完畢，每位會員限使用乙次

喜憨30 笑容永續

門市餐廳折價券
100元現金抵用券

使用說明：
- 歡迎使用此券至喜憨兒門市／餐廳體驗喜憨兒的服務，消費滿600元，即可抵用100元。
- 請記得於2026.06.30前使用，逾期、影印、塗改無效。
- 本券不得兌換現金、亦不找零。
- 本會保留修改及解釋活動辦法之權利。

喜憨30 笑容永續

門市餐廳折價券
100元現金抵用券

使用說明：
- 歡迎使用此券至喜憨兒門市／餐廳體驗喜憨兒的服務，消費滿600元，即可抵用100元。
- 請記得於2026.06.30前使用，逾期、影印、塗改無效。
- 本券不得兌換現金、亦不找零。
- 本會保留修改及解釋活動辦法之權利。

喜憨兒 喜歡你

Sefun購物網優惠
100元現金折扣碼

使用說明：
- 歡迎使用此折扣碼至「喜歡你購物網」消費使用。
- 消費滿$1,000元，即可抵用$100元。
- 使用期限：2026.06.30前使用完畢，每位會員限使用乙次。
- 折扣碼無法折抵運費，亦不得兌換現金。
- 喜歡你購物網保留修改及解釋活動辦法之權利。